우리는 피를 나눈 타인입니다

# 我們是血脈相連的陌生人

韓國企業指定心理師 **孫廷沇**——著　　林侑毅——譯

別讓彼此成爲流著相同血液，
卻形同陌路的父母和子女，
而應成爲互相尊重與鼓勵的溫暖陌生人。

# 前言／

**在定義人際關係的詞語中，**
**有什麼形容比「流著相同的血液」更溫暖的？**
**又有什麼詞彙比「陌生人」更冰冷的呢？**

本書探討的是年邁父母與成年子女間的相處，這樣的關係本該熱絡，如今卻逐漸變得冰冷。這不僅是我的故事，也會是你的故事。

我在撰寫這本書的過程中，曾無數次見到了將近八十高齡的母親，和想起已經辭世的父親。在我小時候，每到大年初一母親接受孩子們的拜年時，總會說自己又老了一歲，非常抗拒拜年，對年齡相當敏感。但是現在，母親已變成了老奶奶，即使還要好一陣子才過新年，也會提早準備好給孫子、孫女的壓歲錢，臉上藏不住激動、興奮的情緒。

這雖然是我至今出版的第七本書，寫作順序卻是第六本。對我而言，寫作依然是陌生且令人痛苦的工作，但這次抱著稿子那麼久不放，證明這本書尤其折磨我。我想，原因或許在於「逐漸的老化」吧！這是無論再怎麼想像，也不可能真正經歷的感受。所以我想告訴各位，這本書談的並不是我個人的老去，而是希望能深入了解比我更早步入老年的父母，是在這樣的心情之下所彙整出來的。

書中有心理諮商案例的分析，還有其他朋友們的眞實經驗。一些個案中的父母令人感到不捨；而另一些則是忙著照顧父母和子女，成了身心俱疲的三明治族，也讓人揪心。有時，我腦中甚至會浮現父母的生活和死亡的影像，使我不得不面對難以消化的情緒。或許在父母眼中，我還是個不成熟的孩子，所以在寫這本書的期間，我不斷經歷了祈求原諒、獲得體諒，也重啓了被延誤許久的心理修復。

希望正在閱讀本書的各位，都能擁有和我一樣的省思機會，如此一來，才能避免我們即使上了年紀，同樣爲人父母以後，卻依然用孩子的心態去理解關係，因而讓關係變得惡化。

書中著重於一個人在進入老年生命週期時必然經歷的心理問題，以及年邁父母和成年子女間，可能出現的矛盾與解決辦法。Part1 以理解年邁父母的心情爲出發，他們已經進入人生的退休期，正處於「失落的歲月」中；Part2 道出了身爲三明治族子女的心情，儘管已經身心俱疲，卻依然揹著責任感的枷鎖，勉強撐過每一天；Part3 則是分析親子之間必須遵守的界線，以保持心理上的安全距離；Part4 提出有助於改善關係的方案，能讓彼此成爲最溫暖的陌生人，而不是冰冷的陌生人。這本書中最終想傳達的概念，是完形治療法（Gestalt Therapy）創始人波爾斯（Fritz Perls）的祈禱文——「我就是我，你就是你」。

我做我的事，你做你的事。
我不是為了實現你的期望而活在這世界，
而你也不是為了我的期望而活在這世界。
你就是你，我就是我。
如果我們偶然發現彼此心意相通，
那是很美好的事。
如果沒有，那也是無可奈何。
——摘自波爾斯〈完形祈禱文（Gestalt Prayer）〉

所有人生來就是某人的子女，接著在某一天爲人父母，而不久的將來，又將成爲子女的孩子，繼續生活下去。因此，「衰老」自然是任何人都無法逃避的課題。閱讀本書時，如果某些段落能體會到子女們無法理解父母的心聲、能讀出父母厭惡子女的心聲，或許就能理解爲什麼親子間會彼此反目，成爲冰冷的他人，那時也才能看見雙方互相同理的可能。

一旦關係變得密切，我們就可能將父母或子女的行為視為理所當然，因而疏於遵守彼此的界線，或是隨意侵犯個人的空間。如果不想繼續犯錯，就必須認知到父母與子女之間，比世界上任何一種關係更需要努力守住界線。

希望本書能引起讀者的共鳴，爲父母和子女提供成熟的人生方向和心靈慰藉，讓他們知道彼此是獨立的個體，儘管關係親密，體內流著同樣溫暖的血液，但是在給予關愛的同時，也應懂得尊重彼此的個體差異性。

孫廷沇

Contents

# Contents

## Part 2

# Part 3

Contents

Part 4

# 我們都是彼此的陌生人

Part 1

# 理解父母的心情，他們怎麼想？

我們都處在時光流逝、逐漸老去的過程中。

# 不做人生的退休者，要做新舞臺的主角

「放下對老後世界的絕望，
對應人生變化的法則有著各種無限可能。」

## 心中的失落，謝幕後的主角

我曾在無意間遺失了一個很珍惜的東西，因爲這件物品對我個人有著重要的含意，所以一連好幾天情緒都相當低落。要接受那個東西不再屬於我的事實，的確不容易。我對這個不復存在的東西感到悲傷、痛心，也因爲不願輕易接受事實而感到憤怒、委屈。這種情緒就是「失落」。

這樣的情緒會讓一個人十分絕望，所以我對周遭親朋好友的失落特別敏感。但不知道爲什麼，當我面對年邁母親的失落，有時卻吝於給予關懷，太快認定「都是那樣的」。

「老人了本來就是這樣，身體會一天比一天差，沒辦法。」、「一旦上了年紀，自然會忘東忘西，記憶力也會衰退。」、「這是大自然的法則，任何人都阻擋不了，我有什麼辦法？」、「想要看起來更年輕嗎？別奢望了。」、「生病又年紀大的父母，子女才不會喜歡。」然而，就在某一天，我對於曾經把這些話掛在嘴上的自己感到丟臉。之後只要見到像我一樣任意評論年齡的人，就會想對他們說：「你們也會有老去的一天。」

美子相信幫助考試失敗的人、失戀的人，給予他們安慰，是人之常情，而她最討厭的，是把自己當成廢物的世界，以及同意世界這種觀點的家人。到了這把年紀，人生的舞臺曲終人散，已經夠令她難過的了，還有許多人建議她成熟面對這一切改變。

過去三十多年來經營美髮廳的美子，在五十二歲那年小女兒考上大學之後，決定結束營業。因為大半輩子的重心都在工作上，從來沒有好好休息，所以美子在收掉美髮廳後，期待著和丈夫一起四處旅遊，安穩地度過餘生。

起初，美子一想到不用再像過去那樣整天站著工作，長期忍受膝蓋和腰痠背痛，不禁滿心歡喜。原本堆積如山的家事，美子幾乎是用過年大掃除的等級連續整理一個星期。

就這樣過了一週，某天早晨，美子不得不面對再也沒什麼好整理、再也沒什麼地方可去的現實，於是開始感到恐慌。雖然重操舊業也未嘗不可，但是丈夫和孩子都極力勸阻。說她只是不習慣現在的生活，希望她能在家好好享受與休息。只是美子每次看見同年紀還在工作的朋友，總是心生羨慕，覺得自己好像太快對人生舉起白旗，心裡很不是滋味。

不希望如此平凡老去的美子，最終還是進入了自己一再逃避的六十歲後半。她能夠自由來去的地方，只剩公園、整形外科和家門前的超市而已。人們常說：「人生六十才開始。」但是對於六十歲的年紀，美子絲毫不覺得開心。就算會很辛苦，美子也希望可以回到繼續工作的年紀。

**從美子的角度來看，年齡奪走了自己可以立足的舞臺，就像一個殘酷的訊號，對著還不願意走下舞臺的演員說：「你的演出到此為止了，趕快下台吧！」**

## 什麼都沒有改變──接受衰老

哲學家西塞羅（Marcus Tullius Cicero）在《論老年》、《論友情》中，解釋了四個讓邁入老年看起來悲慘的原因。第一，老年讓人無法自由活動；第二，老年讓身體衰弱；第三，老年奪走了人一生中享受過的絕大部分快樂；第四，老年逼近死亡。

世界上怎麼會有人希望自己的人生看起來如此悲慘？然而，步入老年的悲劇，就從當事人認定自己再也無法實現願望開始，進而轉向自我放棄的那一刻起。**是誰奪走他們想要獲得社會認同、感受心理上的安定、自由享受性慾、體驗新事物的慾望？那個人正是自己。**那麼，那些責怪年齡的老人，又錯過了什麼呢？

回想起我們十幾、二十歲的時候，有許多事情想挑戰，也期待自己可以站上人人稱羨的位置。那時流行的一句話：「夢想成眞。」卻不是所有人都可以美夢成眞。而我也降低了自己一展長才的標準，甚至被迫放棄接受舞臺上受人矚目的機會。有些人在登上舞臺後因爲恐懼落荒而逃；有些人則是被舞臺淘汰，再也登不了台。我只能在想站上的舞臺和可以站上的舞臺之間，不斷做出妥協。幸虧我在侷限與妥協之中堅持下去，才逐漸敞開心胸接受人生的悲與喜。

「雖說是老年，但其實什麼都沒有改變。」老年人可以選擇放棄，也可以繼續努力奮鬥，最後試著接受，差別只在於舞臺稍微改變而已。有些活動多虧了年齡的差異，反而讓自己變得更有用處；也有些活動可以在與別人的互動中，看見自身的主體性[1]，當我們認同這些活動是有意義時，就能從中發現自我的價值。

這也難怪人們會抗拒衰老，**因為人們對於老後的世界感到不安、害怕。人們認為衰老代表喪失一切，而未來的希望也將因此消失。**

其實，衰老伴隨著人類不可抗的生物性老化和各種失落的經驗，所以憂鬱、不安、憤怒等情緒都是無可避免的。但是這不足以令我們絕望，因爲我們隨時可以透過社會參與或各種感興趣的活動來自我實現。這是可控因素和不可控因素的差別。**如果把焦點放在個人能力範圍以外的事，任何人都會變得憂鬱。許多專家表示，生物**

＊1：在哲學中，主體（subject）是指具有獨特意識或獨特個人經歷的存在，或與存在於自身之外的另一個對象有關係的實體。

性老化雖然無法阻擋，但卻可以延緩速度，並建議從接受自己的年齡開始。認清「年齡」，就代表認清是時候接受自己的侷限了。

想要享受老年的舞臺，首要任務是接受自己的年齡，再來是放下自己對衰老的刻板印象。

## 聰明老化——為體力做好規劃

經常聽到這樣的說法：「人到老年，活得越久，要吃的藥也越多。」藥物真的能阻止老化嗎？

近年來在老人福利方面，「活躍老化」（active ageing）逐漸受到關注。所謂的「活躍老化」，指的是提升老年期的生活品質，並達到最剛好的健康、社會參與及安全的過程。拉森（Eric B. Larson）醫師在美國西雅圖鑽研老化超過三十年，《聰明老化（Enlightened Aging: Building Resilience for a Long, Active Life）》這份研究，主要是爲了深入了解人們需要多少醫療服務，才能健康地老化。根據他的發現，健康老化的條件，重點不在於各項醫療服務或營養補充等，**而是當事人對老化的接受程度，以及透過身體上、精神上、社會上的積極活動所累積的復原力。**

書中提到一〇七歲老人伊凡潔琳・修樂（Evangeline Shuler）的故事，尤其吸引人。她從青年時期開始，擔任社工並在退休後在救世軍（The Salvation Army）[2]從事志工活動。她將一生獻給了救助他人，有時出席舞蹈派對，有時在和平工作團（Peace Corps）當志工，也會四處旅行，積極參與社交活動。她和家人都在老年生活中感受著全然的滿足。但，究竟是什麼讓她如此充滿活力呢？

**第一，對生命的責任感。**她在能力範圍內設定了目標，並且制定激勵自己的計畫

＊2：於一八六五年由循道會的牧師卜威廉伉儷在英國倫敦成立，是國際性的教會及慈善組織。

來實現這個目標，例如：「每週三次，每次十五分鐘的定期活動」。看起來如此簡單的內容，就是這個計畫的全部。

**第二，接受剩餘的時間有限，也知道人老了無法避免身體上的不便。**她意識到人生剩餘的時間不多，因此將目標放在情感上更有意義的事情，而不是追求能看見成果的挑戰。**「活躍老化」對高齡的她而言，是讓她發光發熱到最後一刻、「聰明老化」的祕訣。**

根據我在撰寫本書時所收集到的資訊，「聰明老化」指的是勇敢接受人終有一死，生命有限的事實。這句話對健康的年輕人來說，似乎是遠在天邊的事，但對上了年紀的老人來說，也不過是一句空談。因爲他們正極力抗拒老化，無法輕易接受正在老去的現實。

不如試著丟掉自己對老人的錯誤偏見和既定印象，例如：「速度慢、不受歡迎、孤單、缺乏活力、被排擠、憔悴」等，這些都是和價值低落有關的負面用語。

## 衰敗無可避免，但仍可找到對應人生的法則

美子希望擺脫老化帶來的屈辱感和挫敗感，她需要一個可以立足的華麗舞臺。然而，除了學校或職場這些她已經退出的舞臺外，再也想不到什麼好點子了。事到如今，無法回到職場上的美子，不禁陷入憂鬱之中。當然，老化本身確實就像美子所想的，會減緩身體的各種功能，讓老人覺得自己一無是處。透過拉森醫師的話來看，自尊心低落，無法接受老化過程的人，反而更容易感到憂鬱、虛無、無力。

以心理社會發展階段（Stages of Psychosocial Development）聞名的心理學家艾瑞克森（Erik H. Erikson），曾於八十七歲時撰寫文章討論老年期必須優先注意

的問題，刊登在《紐約時報》上。那篇文章指出，老年期必須學習如何順應人生的法則，也應接受身體會持續衰敗的事實，但是不必感到絕望，重要的是提升「自我整合（Ego-integrity）」。他認爲六十五歲以上的老年期，可以獲得自我整合還是陷入絕望，主要得看當事人如何評價過去一生的社會經驗。

換句話說，如果我們能為至今為止的人生和當下經歷的生活，賦予正面想法，就能擺脫對老化或老年的負面偏見，關鍵在於從事各種讓自己更有存在意義的活動。

## 理解這些變化，將對老年生活大有幫助

想要了解邁入老年的父母，最好先試著理解各個生命週期的角色變化和心理因素。根據這份生命發展週期模型，就能看出自己和父母、子女正處於人生的哪個

時期。當然，生命週期模型只是以大致的年齡爲標準，簡單區分出不同的時期和階段，難免無法涵蓋所有個人差異的缺點。即便如此，還是能藉此掌握並預測每個人在人生旅途中被賦予的各種角色及概念。此外，P.30這張表也直觀地呈現一個人對於不同時期可能發生的事件，該如何應對。它有助於我們理解自己未曾經歷過的年齡層的生活，也讓我們反省過去人生中錯過的挑戰與課題。

接下來，透過英國老年學家蒲朗禮（Bromley D. B.）設計的生命發展週期模型，一窺老年期將會面臨哪些心理發展課題。

當然，不是所有進入老年期的父母，都會經歷相同的生命階段。不過也沒有人能違背這樣的變化。對照生命發展週期模型，相當於我目前年齡的成熟期裡，寫到了父母的死亡。而如今七十五歲的母親，只剩下表中的最後一欄。頃刻間，許多想法湧現於我的腦海中。

## 生命發展週期模型

| | |
|---|---|
| 18～20歲 | **邁向獨立成人的過渡期**<br>擁有成人的權利和責任（駕照、飲酒、投票權等）及經濟獨立。 |
| 21～30歲 | **成人早期**<br>參與各種角色。居住責任、大學入學、獲得第一份工作、結婚與爲人父母。 |
| 31～40歲 | **成人中期**<br>負起家庭及工作上的重要角色。原本旺盛的體力與抵抗力，首度出現衰退的徵兆。 |
| 40～55歲 | **成熟期**<br>子女開始離家，自律性降低、面臨父母的死亡。 |
| 55～60歲 | **退休轉換期**<br>性生活減少，出現外貌改變與大大小小的健康問題，切身體會到老化的感覺。 |
| 61～65歲 | **退休期**<br>準備退休。自我概念的重整、重新回顧與解讀過去的人生。 |
| 65～75歲 | **老人期**<br>體能顯著低落。有罹患重病的風險、配偶的衰老、脫離社交活動、重視與身旁親友的關係。 |
| 75歲以上 | **超高齡期**<br>體能持續衰退，感官知覺能力與自律性退化。 |

# 老人不是一具空殼

「別將年長者當成麻煩人物，
抛下偏見才是正確作法。」

## 拒絕年齡歧視（Ageism）

接著，將分享我與朋友之前在臺灣旅遊期間所發生的事。當時造訪臺灣的觀光客，都會申請一張青年旅遊卡（Youth Travel Card）。只要到指定地點出示護照就能辦理，拿著這張卡到觀光景點，還可以用折扣價購買門票等票券，算是觀光客的必備小物。

一行人爲了申辦青年旅遊卡，特地前往離飯店相當遠的指定地點。在大家一口氣交出護照，等待發卡的時候，裡面的兩位員工不知道遇到了什麼問題，開始交頭接耳，我們也跟著慌張起來。員工指著護照上的生日，再次仔細檢查，大概是問題無法解決。不久後，櫃檯人員問起我們的年齡。旅行第一天心情正好的我，親切地張開四根手指，告訴對方「Forty（40）」。對方才恍然大悟，用眼神向彼此示意後，走向我們，表示申辦青年旅遊卡的年齡是十五到三十歲。

那一刻，我的臉忽然漲紅，想起剛才比出的幼稚手勢，立刻光速把手收到身後。這件事至今仍印象深刻。後來有好一陣子，Forty成了我的綽號，每次說到臺灣之旅，第一個想到的插曲就是這件事。滿臉羞愧的我們在前往下一個目的地的路上，不停抱怨：「奇怪，爲什麼啊？是叫年紀大的人不要出門旅遊嗎？」

我的故鄉在全羅道。有時候網路上流傳的爭議事件發生在全羅道時，就會出現惡意的留言，毫不遮掩地煽動地區性歧視。雖然不是指著我的鼻子罵，但就是會令人感到不舒服。

我的前東家有一位介紹公司產品的教育講師，是外包性質的僱用人員。某天部門臨時召開會議，該名講師也一起進到了會議室。可是其中一位組長卻說：「公司名字和我們不一樣的其他人請出去。」現在回想起來，依然覺得那句話非常具有衝擊性。

除此之外，也曾耳聞住在國外的朋友聊到，經常聽見對東方人充滿歧視的言語，感到非常受傷；曾遇過司機抱怨早上載到的第一位客人是女性，覺得很倒楣；甚至有朋友去企業進行演講，因爲開的車不是該企業品牌的車，所以被禁止停車。

這些事件都和「歧視」有關。人們因爲年齡、出身地區、學歷、國家、宗教、性別等原因，遭到不平等的對待或排擠。無論原因爲何，遭到歧視總是令人不愉快，甚至備感憤怒。在各種歧視中，出於對老人的歧視和排他主義、對老人的刻板印象和偏見，以及沒有善待老人，甚至表現出排擠和無視等不恰當行為的情況，稱為「年齡歧視（Ageism）」。

## 不必為了年紀大，而感到抱歉

由於韓國快速邁入高齡化社會，自二〇一六年十一月起，六十五歲以上的老人人數已經超越零到十五歲的嬰幼兒與兒少人數，進入名副其實的「老人超越時代」。無論去到哪裡，都會看見許多老人。最近也越來越多咖啡館和餐廳設有禁止嬰兒或幼兒進出的「No Kid Zone」，聽說還出現了禁止中壯年人進出的「No Senior Zone」，時代確實改變了不少。當然，正如消費者有選擇商品或店家的權利，如果店家也主張自己有權選擇消費者，其實也是可以理解的。但是沒有正當的理由就拒絕某人，確實不容易讓人接受。

當我們毫無理由遭到拒載的時候，也會感到憤怒，或者想透過法律途徑捍衛自己的權利。社會上對於性別、國家、種族的歧視，已經形成一定的共識，多數人對這些議題也有相當程度的看法。但是對於年齡的歧視，整個社會至今仍未審慎面對。**年齡是生命發展必經的過程，任何人都無法抵擋，也因此所有人總有一天都會淪**

為被拒絕的對象。

根據韓國保健社會研究院（Korea Institute for Health and Social Affairs）進行的老人現況調查，在四百五十一名老人中，就有七・一%的老人曾經遭到歧視。年齡差異越大，老人感受到的排斥感越強，甚至因此成爲自殺的原因。

## 別讓老人變成不受歡迎的人物

有一些人無處可去，也沒有歡迎他們的地方，即使整天待在家裡，也只能看人臉色過活。這些走到哪裡都不受歡迎的人，就是老人。在網路新聞上，偶爾會讀到老人在計程車或公車等大眾交通工具上遭受侮辱的報導。「老人家待在家就好，幹麼到處跑。」、「喂，快點上車啦。都不知道你影響了多少人……」。

雖說如此，還願意載都算幸運，更多的是裝作沒看見，直接呼嘯而過。不僅如此，當老人在福利機構受過各種教育，卻還是聽不懂指令，或是動作稍慢時，許多人並不會重新說明，讓老人可以理解，而是一臉厭煩，抱怨「要講幾次您才會懂？」每次聽到類似的狀況，我總會擔心自己的母親是否也在某個地方遭受這樣的待遇。

但是，如果這種歧視性的羞辱發生在家庭之中，情況又會是如何？例如，家中要做重要決定時，完全忽略老人的意見；或者老人好奇發問，得到的回覆卻是：「那種事媽妳不用知道。」、「老爸的世代和我們不一樣啦！」、「爺爺不知道要怎麼處理吧。」這些話聽在年邁的父母耳裡，就像他們什麼都不知道也沒關係，乖乖閉嘴就好。當父母認為家人之間沒有什麼不能說的，卻遭遇這樣的對待時，他們肯定會產生不滿，並難掩心中的失落。

高齡老人因為身體的老化，動作自然較為緩慢，但我們的社會卻連一點等待他們的時間都不留。總是認爲他們的時代與我們不同，不知道也沒關係，理所當然地忽視與歧視。

## 為人子女，別裝做什麼都不知道

婆婆曾經在下樓梯的時候不小心踩空，傷到了腳踝的韌帶。她自己一個人去了醫院，打了石膏回來。因爲沒有另外開藥，我心中覺得奇怪，所以隔天陪婆婆去了一趟醫院。

門診醫師一副這種事很常發生在老人身上的口氣，說：「已經打好石膏，沒什麼事了，多注意就好。」便打算結束看診。婆婆聽了醫生的話，就像膽怯的孩子般，一連回答幾聲：「好。」

醫生說完後，我趕緊問了許多好奇的問題，包括：「為什麼沒有開藥？」、「石膏要打多久？」、「在家裡也可以拆掉石膏嗎？」醫生回答：「吃藥當然恢復的速度會比較快，在家裡盡可能拆掉石膏休息，也建議可以的話，至少兩天來做一次物理治療。」婆婆聽了很開心，說自己來的時候醫生都沒解釋這麼詳細，應該一開始就跟媳婦一起來。

讓就醫的老人感到最無奈的一句話：「到了這個年紀，本來就會不舒服。」

當年幼子女遭受不當對待時，身爲保護人的父母會毫不遲疑地出面，因爲他們還只是年幼的弱勢者。然而，在我們的身旁還有另一類弱勢者，他們正是「老弱婦孺」的「老弱」。這兩類人都比一般成人脆弱，必須加以保護。但是我們對待幼兒和老人的態度卻截然不同，認爲前者應當加以保護，後者則沒有保護的必要。厭倦老人的時候，將他們當成製造麻煩的人物；需要老人的時候，又希望他們表現得成熟穩重，這正是人們在無形中對老人施加的歧視。

關於子女的教養，客體關係理論（Object-Relations Theory）學者溫尼考特（Donald Woods Winnicott）使用「足夠好的母親（Good enough mother）」來形容。對待早期幼兒，母親應盡可能滿足孩子的需求和表達，但在情感上賦予孩子獨立性，培養他們對於挫折的耐受性，也是母親必須做好的教養態度。

當然，這不是要各位重新教養已經走過成長期的年邁父母，也不是要各位和父母同住，侍奉他們的生活起居。只是希望讓大家看見顯而易見的老人歧視時，試著像養育自己的子女一樣，理解保護他們的責任，如今已落在成年子女身上，千萬別裝做不知道。

# 滿嘴抱怨，正處於叛逆期的年邁父母

「不想過度依賴子女，卻又期待情感上的支持，
在兩種矛盾心情中不斷掙扎。」

## 未被消化的不滿情緒

「若說我有什麼願望，那就是趁我意識還清醒的時候，不讓子女受任何的苦。如果晚上入睡，隔天一早沒有醒來，將會是我得到的最大祝福……這是我最後的願望。」

在我生下孩子、爲人父母後，甚至到邁入中年之前，都認爲這句話不過是隨口說出的場面話。直到現在，才明白這句話是眞心誠意的期盼。

在網路新聞上，偶爾會看到一些父母拒絕

任何延續性命的治療。這些父母不是被動接受死亡，而是選擇迎接死亡，這是他們渴望在有限的生命中，尋找各種其他可能、充滿哲學性的思維。究竟是什麼使他們變得如此勇敢？

從一篇採訪七十歲時尚YouTuber「米蘭奶奶（Milanonna）」張明淑的報導（ChosunBiz）中，或許能看出其中的線索。張明淑是許多人心中溫暖的精神領袖，她曾說過：「活到這把年紀，人生其實也沒什麼。」、「人生不會如你渴望的一帆風順，只能見招拆招，隨機應變。」、「如果那天即將到來，那就來吧！我早已做好離開的準備。」

抱持著這種信念的人，自然無懼死亡。但並非所有老人都做了同樣的選擇。衰老通常會伴隨身體行動上的不便，身體無法按照自己的意志自由活動，無形中也造成了老人的壓力。

即便如此，老人也不可能放心依賴子女，因爲他們不想成爲子女生活上的累贅。最終，自責的情緒越發強烈，而這些未被撲滅的憤怒火苗，便朝子女們蔓延。

## 步入老年，隨之而來的叛逆期

「怎麼這麼晚來？不能早點出門嗎？電話也不接，害我擔心。」

「沒事啦。」

「哪裡沒事？為什麼遲到了？」

「喔，不要再問了啦。就玩了一下才出門，可以了吧？」

從以上的對話，能判斷兩人之間是什麼關係嗎？這樣的內容經常出現在父母和叛逆期子女的對話中。那麼，接下來對話的雙方又是什麼關係呢？

「我不想吃。」

「為什麼？是您說沒胃口，我才特地做的耶。」

「不要，我什麼時候說過想吃那種東西？」

「您多少吃一點嘛？」

「唉唷，不要煩我了。」

這是擔心年邁父母的子女與父母的對話。刪除這段對話中的敬語，重新讀一遍，各位也許會以爲是青春期子女和父母的對話。有時我會在諮商室中遇到這樣的父母，他們的舉動就如同青春期子女經常表現出的反抗行爲，容易因爲一點小事發脾氣，或是像孩子般鬧著想給自己多拿一點東西，既直接且毫不掩飾。又或是搭地鐵、公車的時候，完全不顧大排長龍的隊伍，直接插隊。如果有人抗議，可能會發更大的脾氣，說現在的年輕人都不懂得敬老尊賢。

爲什麼孩子會沒來由地發火、大吼大叫？我常對家屬這麼說：「如果你曾試著想了解他們，但卻怎麼努力都理解不了，不妨借助科學的力量。」當父母們說無法理解青春期孩子的行爲，忍不住大喊：「子女難養。」此時，我會建議他們站在腦科學的角度來理解孩子。

人們經常把青春期稱爲「叛逆期」。由於操控理性活動與決定計畫的大腦額葉尚未成熟，控制情緒的邊緣系統較為活躍，所以這個年紀的孩子自然較難制定目標，依照計畫實行。相較之下，也難以在人際關係中試著與對方的需求妥協、克制衝動，這是青春期子女生理上的特徵。而老年人的大腦也類似如此。

在人類腦科學發展的歷史上，有一位貢獻卓越的人，他正是美國的費尼斯・蓋吉（Phineas Gage）。擔任鐵路工程人員的他，一八四八年某天在進行隧道爆破作業的時候遭遇了意外，一根鐵棍插進他的大腦（額葉），穿出腦袋。平時爲人親切和氣、工作能力備受肯定的蓋吉，在意外發生之後，卻性格大變，成了暴躁易怒、行爲異常，並且警戒心強的人。他不僅經常與他人發生衝突、缺乏耐心，也完全不替未來的事先做好準備。原因就在於鐵棍貫穿大腦，破壞了負責控制情緒、邏輯思考、決策、高階認知功能的大腦前額葉。

另外一個案例，是一九九〇年代接受腫瘤切除手術中，不慎傷及前額葉的病患艾略特（Elliot）。手術後，他在各方面雖然看起來十分正常，但是每到做決定的時候，總會出現一連串問題。他無法自己做好未來的規劃，也無法依照別人提出的規劃進行。他的焦點都放在微不足道的小事上，因而無法執行重要的任務，卻又因爲放不下那些無關緊要的事情，人生不斷反覆離婚和結婚。研究人員試著找出艾略特的決策障礙與腫瘤切除手術有何關係，也想釐清情緒和決策之間的關聯。他們從艾略特手術前後的行爲中，找到了解答。

蓋吉和艾略特這類前額葉受損的病患，經常表現出衝動的行爲，不願找出更好的解決辦法，並且急著採用腦中浮現的第一個選擇。對於身處不幸中的人，同理能力也較一般人的平均值要低。

十多歲的青春期是額葉發育尚未完成的時期；而三十五歲開始，每年持續減少〇．二％的腦神經細胞，到了六十歲以後，甚至以每年〇．二％的速度快速減少。**由於腦神經細胞減少至十多歲青春期大腦的水準，造成老人認知能力低下與行為的改變。由此可知，如今年邁的父母正經歷第二次的青春期。**

## 沒有人想聽的抱怨

淑熙奶奶住在地區療養院。在丈夫過世後，奶奶不希望造成子女們的負擔，因此選擇一個人住在療養院。儘管子女們再三反對，質問奶奶爲什麼要讓子女變成不孝子，奶奶的態度依然沒有軟化。

「老了不讓子女操勞，好好過完這一生，就是最大的福氣。」

可是這次奶奶眞的生氣了。在療養院期間，淑熙奶奶最期待的日子，就是一年會有兩次的春節和中秋節，還有奶奶本人的生日。因爲孩子們再怎麼忙，這幾天一定會帶著孫子、孫女前來探望。然而，這次到了中秋節當天，子女們才打來電話，說今天會帶孫子們來看一下。

「知道了，忙的話下次再來。也不是逢年過節就一定要見面，沒有關係的。」

雖然淑熙奶奶覺得很可惜，不過比起其他幾位過年過節只能一個人躺在療養院床上，整天看電視的長輩們，她認爲自己還算是幸福的。但事情的發展出乎意料，兒子到了將近傍晚才打電話來，說這次沒辦法過去，可能要下次生日的時候才能去探望。淑熙奶奶非常難過，忍不住對兒子大呼小叫。

「一年就來看一次，到底有什麼不滿的？如果覺得麻煩不想來，當初為什麼說想要照顧我？要是我當初選擇跟你們住，搞不好就被拋棄了。一定要等我死了才打算來嗎？你們以後都不用來了。」

對著兒子痛罵一頓、掛掉電話後，淑熙奶奶的氣還是消不了。最後她把氣出在療養院護士身上，大大小小的事都要找碴。質問電視頻道爲什麼隨便換台，叫了這麼久還不過來，到底在做什麼？

「唉唷，我們可愛的奶奶一定很難過吧。今天白白等了一整天，是兒子的不對。對吧，奶奶？」

淑熙奶奶有多期待看到久違的子女，心中的失望就有多大。護士看在眼裡相當不忍心，不禁出言安慰。但是這句話卻成爲導火線，療養院護士變成了多管閒事、任意批評的人。

「妳說什麼？我怎麼會是妳奶奶！妳算哪根蔥，隨便跟我認親？那是我的孩子，要罵也只能我罵，要打也只能我打。誰敢隨便罵我家孩子……」

病房裡一片寂靜，所有人都背對淑熙奶奶，假裝不知道這件事。在這之後，她有好一陣子只能對著空氣，發洩著沒有人想聽的抱怨。療養院的護士雖然很委屈，但是此時出面安慰，只會換來更大的憤怒，不如靜靜待在一旁守護。

## 「孩子比不上別人」，父母的心聲真是如此嗎？

當子女消失一陣子，或是說好要來探望的日子，最後卻沒有遵守約定，老年人總會感到氣憤，認爲子女不再重視自己，並將這股怒氣發洩在旁人身上。但是子女來探望的時候，他們卻又變成世界上最慈祥的父母，抱怨孩子來只是徒增困擾，自己一人吃得好、過得好，何必非來探望不可。到底哪一個才是父母的真心話？

在諮商室中接觸過的多位年邁父母中，也有人幾乎不曾對子女表達不滿，然而，這不代表他們對子女非常滿意。有極大的可能，是年邁父母在和子女相處的關係中面臨了一些難題，但他們不願意承認。

如果子女不常來探望或是沒有打電話來，年邁的父母便會認爲自己得不到子女的任何關心和關注，抱怨自己被冷落，甚至會說自己的期待沒有得到滿足。但是隨後又站在子女的立場，解釋可能是子女太忙，或是自我責怪，說不希望自己變成只能依賴子女、增加子女負擔的父母。在他們的心中，有兩種截然不同的聲音在互相對抗著。

**如同前面看到的對話，父母的一句話裡存在著兩種不同的需求。他們既期待子**

女的照顧，又害怕扶養造成負擔。如果子女因為自己而受累，就可能因此造成扶養中斷，情感上再也得不到子女的支持。

然而，大腦狀態和青春期階段相似的年邁父母，難以按照意念控制自己的行爲，得到的結果就是瞬間暴怒，想到什麼就說什麼，難以忍耐。

他們一下子說孩子長大翅膀硬了，現在的自己已經一無是處，一下又說想要一個人安安靜靜地離開人世。有時子女乖乖照著父母說的話做，卻會聽到父母抱怨：「你比不上別人家的孩子。」然而此時，應該試著去理解父母沒有說出口的眞心話到底是什麼。

## 心中的兩個聲音：理解父母矛盾的心理

這種前後不一，處處充滿矛盾的對話，稱爲「雙重束縛（Double bind）」。也就是內在彼此牴觸的兩種聲音，以雙重束縛的形式表現出來。系統理論學家葛雷格里・貝特森（Gregory Bateson）長期研究表面訊息與內在訊息不同的精神分裂患者，以及他們與家人的對話和互動，認爲雙重束縛的出現有以下三種要素。

第一，雙方在情緒上維持重要且緊密的關係；第二，表面意義和潛在意義必須不同；第三，雖然雙方發現對話存在矛盾，但是受系統規範而無法抗拒，或是兩人之間存在著不可抗拒的特殊情況。

當說話者一句話裡出現兩個訊息，常會讓聽者陷入混亂，不知道該如何配合對方的節奏來回應。有時明明已經按照對方的期待行動，以爲這次萬無一失，卻又反而引發更大的怨恨和憤怒。**解決這個問題的方法，就是從對方模稜兩可、含糊其辭的訊息中找出核心，給予明確的回應。**

「今天不用來啦，你不是很忙嗎？」

「要不要我現在過去看您一下？媽媽一個人很孤單吧。」

年邁父母擔心麻煩子女，所以不敢明確表達出來的訊息，反而會讓子女更加困惑。「所以我現在該怎麼辦？」他們因爲無法直接表達自己的希望，心裡不滿的情緒逐漸高漲，最後爲了發洩憤怒而採取主動攻擊。父母內心有兩種騷動的聲音，卻不知道該表現其中哪一個的時候，就需要其他可行的方法。

「就算再怎麼忙，逢年過節時還是應該要一起過吧！」

人們面對關係的態度總是坦誠且眞實的。如同青春期的孩子一樣，表面拒絕、反抗任何事情，心裡卻又依賴著他人，希望父母幫自己打理好一切。但這種表現無助於關係的改善，而是應該順從內心，以堅定的態度傳達自己眞正的想法。

# 老化，
# 不是問題的開始

「從日常聊天與理解開始，適時的關心
才是緩解焦慮的第一步。」

## 讓人感到不自在的監視器

照顧守寡婆婆的美蘭，好幾次因爲整天待在家的婆婆而覺得不自在。由於婆婆白天不太睡覺，每日清晨就坐在客廳沙發上看電視。而且電視總是開得很大聲，經常把全家人吵醒。兒子每天一早都要聽奶奶碎念：「衣服要穿好！」、「早餐怎麼吃那麼少？」、「快遲到了，動作快一點！」出門上學時老是把氣氛搞得烏煙瘴氣。

美蘭上班前要檢查的最後一件事，就是婆婆的午餐。之前婆婆還會去老人福利機構或社區活動中心找朋友，最近幾乎不太出門，她的生活重心似乎都放在家人身上。

美蘭有一次問婆婆：「媽，您最近怎麼不去歌唱班了？」

沒想到竟然被婆婆痛罵一頓：「妳就這麼討厭跟我待在一起嗎？在想為什麼趕不走我是嗎？」

看電視時，婆婆總是不停抱怨：「這個世界怎麼會變成這個樣子！」對孫子的行為也不滿意，一舉一動都要糾正。比起媳婦美蘭，她更常打電話給兒子。時時刻刻追蹤兒子移動的路線，如果兒子公司有聚餐，較晚回到家，更是每十分鐘就不停奪命連環扣。

不僅如此，平常上班累到不行的美蘭夫妻，如果週末上午睡懶覺，肯定會被當成窮凶惡極的罪人，被迫聽婆婆碎念：「這個家亂成這個樣子，成何體統？」

美蘭怎麼想都無法明白，明明自己又沒做錯什麼，婆婆到底為什麼對每件事都不開心。每天早上光是忙著猜想婆婆的心思，就搞得美蘭快要神經衰弱。

## 逐漸喪失自己存在的價值

婆婆的不滿，從外出次數減少後開始頻繁發生，所以得先從這個根本問題來談。人上了年紀，通常感官會變得遲鈍、遲緩，漸漸地只對強烈的刺激做出反應。他們戴的眼鏡越來越厚、看電視的聲音越來越大、食物越吃越鹹或越甜、移動速度越來越慢……人們透過視覺（顏色、形態、動作）、聽覺（聲音、話語）、觸覺（溫度等對空氣的感受、水分等和皮膚接觸的物體）、嗅覺（氣味）、味覺（滋味）等感官來接收外界的刺激，而年長者則是感官上出現了故障。

上了年紀，任何人都會因爲感官遲鈍而出現問題，這種生理上的變化讓老年人更切身地感受到自己的老化。子女們必須了解，父母所經歷的感官遲鈍，不能單純用生理上的變化來解釋。**生理上的變化直接影響到心理上的萎靡，造成負面情緒產生，而最具代表性的情緒就是不安和憂鬱。**

年邁父母的負面情緒，恐將導致生理上的健康問題和心理上的疏離，會進一步對生活的滿意度和生活品質造成負面影響。

韓國整體老年人口有二十七％以上曾罹患憂鬱症，每十萬名老人就有八十一．九人自殺，在ＯＥＣＤ國家中排名第一。罹患憂鬱症的人，通常連續兩週出現下列五種以上的症狀（必定包含第一條和第二條），造成生活上的不便。

1．消沉的憂鬱情緒。

2．對任何事都興致缺缺。

3．體重與食慾的突然改變。

4．失眠、睡眠時間過長。

5．容易感到疲勞。

6．缺乏存在價值、自責。

7．注意力降低。

8．坐立不安、情緒失落。

9．產生自殺想法或衝動行為等症狀。

尤其是老化造成的生理變化，讓年邁父母發現自己已經「無能為力」，不再「無所不能」。各種身體功能低下引發的失落感，也讓他們看輕自身的價值。而當死亡逐漸化為現實，更讓他們產生不安、憂鬱、恐慌、絕望、憤怒等負面情緒。若放任這種負面情緒持續發展下去，必將導致意志力和情緒的消沉、無力，憂鬱感越來越強烈。

最後，他們會認定自己缺乏存在價值，開始逃避社交關係的建立，甚至絕望地看待老年生活：「人活著要幹麼？」、「如果又生重病，該怎麼辦？」、「人老了就是沒用。」

## 該如何面對生命中的失落？

我的母親是位個性非常頑強的女性。

「不要！戴什麼助聽器？你們都不要吵了。」

「別這樣嘛，媽。不要只想到自己。妳每次說話的時候，都像上戰場一樣大吼大叫，我們真的不知道該怎麼辦才好。別人聽到還以為我們在吵架！」

「那是因為別人的聲音和附近其他聲音混在一起，我才聽不太清楚。是你想太多了，還怪東怪西怪老人……唉，算了，不要再說了。」

母親每次和別人聊天，總是因爲聽不清楚對方的聲音而皺眉，一臉「蛤？什麼？」的疑惑表情。她常說自己聽不清楚別人在說什麼，覺得很無助，但是又堅持不戴助聽器。看著這樣的母親，我經常認爲這個世界上肯定沒有比她更自私、更固執的老人。

明明聽不清楚，又覺得十分無助的母親，爲何如此堅決反對戴助聽器呢？在我眼裡看來，母親就像每次意見產生分歧時，都想作對的青春期孩子。人們常說，年紀越大越像孩子，這句話果然是眞的。關於戴不戴助聽器的問題，母親和我們三個孩子激烈爭執了好一陣子，結果後來沒有任何結論，不了了之，又因爲彼此生活忙碌，這件事後來就被逐漸淡忘。

經過了一段時間，某天母親說她耳朵忽然發出嗡嗡叫的聲音，實在受不了，只好去一趟醫院。醫生說她的聽力嚴重受損，已經達到聽力障礙的程度。其實我並沒有感到太驚訝，認爲這早已是預料之中的事。但是告訴我這件事情的母親，看起來非常茫然。

當時的我，明明已看出母親心中的茫然與慌張，腦中卻還是想著要是錯過這次機會，以後母親又會拒絕戴助聽器，不禁著急了起來。

「看吧！我就說了。有叫妳一定要戴，對吧？說過好幾次，聽力不好，罹患老人癡呆的機率也會增加。我說的話妳根本都不想聽……」

要是平常，母親根本不願聽女兒長篇大論的說教，一定會開口罵我或制止我繼續說下去。但是今天不知怎麼了，母親很安靜地從頭到尾乖乖聽完。此時我才意識到問題的嚴重性，趕緊閉嘴。

和孩子對話的時候，我認爲解讀並同理孩子的情緒是理所當然的，但是當對象換成母親之後，我卻把母親當成無法溝通的人，對話中沒有任何同理心。和母親說話時，總是先強勢地說出我要的結論，或是當面批評母親的想法不合邏輯。**這是由於我認為：「媽媽已經是大人，既然是大人，我不說這些她也應該會知道吧！」所以自動省略了同理的過程。**

在六、七十歲的年長者中，有三分之一的人曾表示對方說話聲音太小容易聽不清楚，認爲所有感官中帶來最大不便的就是聽力問題。荷蘭的克拉默（Arthur F. Kramer）研究團隊，針對超過三〇〇〇名的老人實行縱向研究後指出，聽力問題會影響老人的社會心理健康，也造成了嚴重的憂鬱症，使個人熟練度與效率大幅降低。此外，比起沒有聽力問題的老人，有聽力問題的老人懷有更強烈的孤獨感，也缺乏背後支持的關係網絡。換言之，失落就是與人際疏離的開始。

## 難道上了年紀都會這樣？

照顧年邁父母的子女，看著整天待在家中不出門的父母，總是心急不已。但是感官遲鈍的年邁父母不僅難以從事戶外活動，也擔心自己在社會關係網絡中，可能會受到預料之外的孤立。

老化指的是感官知覺的衰退，它使老年人的生活變得不便、危險且孤單。當子女對母親說：「不要整天待在家，多去見見朋友，學點東西，培養一下興趣啊。」這句話聽在母親耳裡，並非關心的表現，而是不了解母親的處境、隨口說出的一句話而已。老年人害怕越來越聽不清楚的聲音，而且走路速度變慢、總是要停下來休息好幾次，這些都會造成其他人的困擾。

因此，參加多人的聚會，或是和其他人一起行動，都無法再讓年邁的父母感到開心，反而會盡可能想要逃避。**換言之，他們正逐漸遠離「社會的支持」，而這正**

是維持一個人情感生活的必要條件。

母親有時像是早早等著我結束工作回家，一看到我，便立刻開始抱怨當天發生過的事。

「有一次不知道是誰，遠遠跟我打聲招呼就走了。我眼睛看不清楚，根本不知道是誰。那個人一定覺得很尷尬。」

「歌唱班同學聚在一起不知道在說什麼，我聽不清楚，只能在旁邊睜大眼睛呆呆看著他們。結果一個孩子的媽過來問我：『阿姨您不吃飯嗎？』原來是下課後，大家相約一起去吃午餐，在討論要吃什麼。」

「我是想去居民活動中心學一些東西，但是那裡沒有電梯，還要爬到三樓。上樓對我來說實在太累了，現在我也沒辦法去那裡。」

以前這種時候，我都會告訴母親：「上了年紀都會這樣。」將母親的老化當作理所當然。只要是人類，任何人都必然經過這條路，所以我以爲母親一定也會平靜地接受這個現實。

曾經如此認定的我，最近照鏡子的時候不禁深受打擊。因爲眼角不知何時冒出來的細紋，看起來如此清晰，而頭頂也經常發現數根白髮。連我都如此在意自己臉上仔細看才看得見的細紋，卻強迫母親得接受戴上助聽器，自己不想面對的事情，卻強迫母親要面對，想到這裡，我對自己過去的行爲感到十分慚愧。

和孩子外出買冰淇淋回家的路上，順道買了一包母親喜歡的爆米花準備給她。

我說：「妳在醫院聽到要戴助聽器的時候，心情如何呢？」

母親似乎對這個問題期待已久，開心地回答我：「那時候真的很想哭。我身體本來就有很多問題，常常因為脊椎、心臟和膽囊手術進出醫院，現在還告訴我連聲音都聽不到了。當下只想著，那我活著幹麼？這些都是要花錢的，我只能跟你們拿錢來花，身體卻問題一堆……。」

這是我第一次聽見母親的心聲。

## 陪伴喪失自律性的年邁父母

我們常說「心情煩躁」，從「煩躁」的字面意義來解釋，就是心情煩悶焦慮的意思。當一件事情沒有按照預期的方向發展，結果不盡如人意時，容易感到異常煩悶，變得滿腹牢騷。**和父母聊聊是什麼原因造成他們心情不愉快，展現對彼此的基本關心，能夠緩解部分的焦慮情緒。**

面對知覺發展尚未成熟的孩子，父母理所當然地提供他們清潔、扶助、餵食及擁抱，透過各種方式幫助他們發育。但是面對感官知覺衰退的年邁父母，子女卻單純將他們視爲依賴性強的父母，抱怨父母「明明自己就可以辦到的事情，不知道爲何要麻煩子女」。

有句話說：「世界上最卑劣的事情，就是給了別人某樣東西卻又奪走它。」當父母某天忽然發現自己感官知覺開始衰退時，他們將會經歷生命中不曾有過的痛苦，過去理所當然擁有的許多東西，都將瞬間被剝奪。

所有人都知道上了年紀代表老化的開始，但沒有人可以心平氣和地接受自己的老化。**正如經歷失落的人，必須走過「否認—憤怒—妥協—抑鬱—接受」的悲傷五階段，經歷老化的人，也必須給自己一點時間接受上了年紀的事實。**

幸好透過幾項額外的檢查，母親並未被診斷爲聽力障礙。即便如此，爲了減少生活上的不便，醫生建議還是戴上助聽器。雖然母親抱怨醫生說她聽力障礙，要她接受各種沒必要的檢查，害她白白受罪，不過對於檢查結果似乎非常開心，終於放下心中的大石。

最後，母親戴上了她頑強抗拒一年多的助聽器。

當感官知覺出現衰退的那一刻起，年邁的父母將被迫接受自己喪失自律性的事實。**陪伴喪失自律性的年邁父母，或許就像對待年幼的孩子一樣，子女必須擔起照顧和保護的責任。**

# 父母也需要自立

「人們期待的親密感，並非由父母或子女單向提供，互相給予和幫助，才是真正健康的互動。」

## 沒有永遠的回應

「Siri，你是男生還是女生呀？」

「我認為男生和女生應該和平相處。」

「Siri，我愛你。」

「我也愛你。我要放一首情歌給你聽，表達我的心意。」

女兒有時會和家中的人工智能軟體Siri聊天，Siri出人意料的回應，時常讓全家人捧腹大笑。

「Siri，要和我玩文字接龍嗎？」

「好啊，我先開始。葡萄。」

孩子接下來又跟Siri玩了幾次文字接龍，連連吞下敗仗。只要輸入Siri的文字接龍指令沒有改變，孩子大概永遠都贏不了。人工智慧雖然增加了生活上的便利，卻仍然無法完全滿足人類的需求，其原因就在於只能單向的溝通。

然而，最近我在諮商室或演講的場合上，卻經常聽到這樣的話：「我覺得和家裡的人工智能軟體聊天還比較好。」表面上聽起來像是家中沒有人可以對話，不過背後眞正的意思，其實是沒有人可以證明自己的存在。

任何人都有情感上的需求，我們透過不同的表達方式和行爲來滿足這樣的需求和情感。此刻是否有人對此做出反應或產生同理，將決定我們能否維持健康的心理狀態。可惜的是，年長者最缺乏的就是這類給予反應和同理的對象。

## 他們需要能夠給予同理的人

提出自體心理學（Self Psychology）理論的寇哈特（Heinz Kohut），認爲「自體（self）」是人類最重要的心理結構。根據他的主張，一個人若要活出健全的人生，免於心理上的匱乏，就必須發展自體，這對情緒發展具有決定性的影響。

對此，孩子需要一個了解他們的心理狀態，並能做出適當反應的對象，而父母身爲扶養人，則必須透過照顧，讓孩子的自體更加健全。對於這種能適時回應我們心理狀態的人，寇哈特稱之爲「自體客體（self-object）」。所以幼年時期缺乏父母等養育者提供同理反應的人，容易在心中留下創傷，難以步入自己理想的生活。

寇哈特也強調，即使幼年期獲得養育者適當的同理反應，養成健全的核心自我（core self），「自體客體」的需求仍會在一個人身上維持一輩子。所以根據寇哈特提出的自體心理學，**人類一輩子都需要能了解自己心理需求，給予適當回應的**

溝通對象。嬰幼兒期待的「自體客體」正是父母，他們像鏡子一樣反射出自己的需求。之後，「自體客體」將隨著年齡和當時的環境而改變，從朋友、老師、情侶，再到公司同事或配偶。**如果當下期待的溝通對象沒有出現，就可能使我們陷入深深的絕望和挫折中，進而讓內心在面對壓力時顯得格外脆弱。**

那麼，對於進入老年期的父母，又有誰能理解他們的心理狀態，並給予適當的反應呢？大概只有配偶、子女、朋友了。如果配偶已經離世，或者父母體力無法負荷戶外活動，不能和朋友頻繁往來時，他們自然會對子女有更大的期待。如果父母在過去的生命中，又曾因爲得不到「自體客體」的同理而受到傷害，就可能對特定對象產生更強烈的執著。

和丈夫離婚後獨居的京順，每到週末，總是滿心期待女兒帶著孫子回來，但是女兒和女婿是雙薪家庭，又有兩個孩子要養，生活非常忙碌。她雖然能夠體諒女兒的立場，但難免會感到寂寞，更偶爾會因此而大發脾氣。京順在女兒上中學的時候離婚，一分贍養費也沒拿，硬是接下各種吃力的工作，把女兒捧在手掌心上疼愛、細心呵護培育孩子長大成人。

她不曾要求女兒扶養，只盼望和女兒能夠每星期一起吃頓飯。等待女兒的同時，京順回想起自己過去刻苦打拚的歲月，不禁悲從中來。京順之所以這麼痛苦，原因在於女兒是她唯一的「自體客體」對象。因此，她才對女兒無法前來的反應如此敏感，放不下對女兒的期待。

## 試著走進他們的生活經驗裡

身爲家有子女的職場女性，無法多陪伴子女是我最大的遺憾。相信許多在職場上奮鬥的媽媽和我有著相同的想法，每天生活在罪惡感當中。那麼，跟孩子相處的時間比職場媽媽更長的全職媽媽，就沒有問題嗎？不是的。相較之下，長時間陪伴孩子、卻不能維持良好關係的父母，與照顧孩子的時間雖短、但是能維持良好關係的父母，後者更能建立緊密的親子關係。當然，最理想的情況是長期陪伴子女，又能維持良好關係。

這種情況只發生在子女教養上嗎？翻開市面上各種針對世代間情感關係的書籍，能讓年邁父母對生活感到滿足的最大因素，勢必在於親子關係的「品質」。

人工智能軟體Siri說出意料之外的話，讓我們一家人嚇了一跳，不過對於以自己的程度無法理解的指令，Siri倒是會很冷靜地回答：「我不知道您說什麼。」我是科技白癡，生活中最讓我感到挫折的，是管理各大網站的ＩＤ和帳號，還有使用者身分的驗證。

即便如此，自稱科技白癡的我還是決定開設YouTube頻道，從建立帳號、登入帳號開始，就是一連串的考驗。雖然一個人咬牙硬撐，努力地想方設法解決問題，不過依然毫無頭緒。此時，我最常使用的方法就是叫一聲「老公」。雖然先生也沒有試過YouTube，但經過反覆的研究，最後還是完成了設定。

如果我先生是人工智能軟體Siri，大概會拒絕幫忙，說：「我不會使用YouTube。」但是我先生願意幫忙到底，正是因爲他比任何人都清楚我對這方面一竅不通。這就是寇哈特所說的同理反應，也就是願意走進對方的生活經驗裡，這是Siri所辦不到的。

良好的同理反應，有助於提升「自體」、療癒「自體」。尤其是社會關係網絡有限的老年人，更需要能提供良好同理反應的對象。提出心理社會發展階段的艾瑞克森，同樣強調關係中的親密感，他認爲在人生最後階段的老年期，如果沒有人給予充分的支持，進行情感上的交流，老年人將會陷入絕望之中。

一般而言，父母與子女世代間的關係，通常以「客觀互動」和「主觀互動」的概念來解釋，前者由距離上的易達性、接觸頻繁度及互相幫助與否來評估；後者則由愛情、價值觀的一致性及規範期待來衡量。良好的同理反應屬於「主觀互動」。

至於人們期待的親密感，並非由父母或子女某一方單向提供，而是彼此給予、互相幫助的概念。

## 自立，陪伴而非孤單的生活

即使母親體諒自己的立場，也願意退讓，京順的女兒卻依然認爲母親的存在令人窒息。她無法理解母親爲何要像對待孩子那樣，堅持干涉自己的生活。就算父母離婚，家人間的關係也並非是失衡的。不過，會擔心家庭某種程度上運作失常，也很自然。我認爲，京順女兒害怕母親的原因在於，**母親總是無視女兒的底線，經常以愛為名任意跨越女兒的界線**。

如果雙方依賴和控制彼此的期待或慾望較強，而不試著進行溝通，這樣的結果必然是其中一人得犧牲。過去在家中地位較低的女兒，只能單方面退讓與委曲求全，但是現在情況卻顚倒了，這讓京順感到心煩意亂，不願接受女兒改變的事實。

京順離婚後，一個人扶養女兒長大，這段時間她經歷了無數個孤單且無助的夜晚。在一段關係中，承受過無盡孤單和空虛的人，必然強烈渴望和特定對象維持緊密的關係，藉此逃避過去的經驗。這在心理學上稱之爲「融合（Confluence）」。

處於「融合關係」中的兩人，常會不自覺地無視對方的獨特性，認爲彼此具有相同價値觀與態度的特徵。無論是夫妻、親子還是朋友關係，都可能出現「融合關係」。因爲雙方都認定彼此是一體的，一旦某一方破壞了這個關係，另一方就會出現強烈的憤怒和煩躁，無法接受事實。當然，最初那一方也會淪爲破壞關係的加害人，因而感到自責，於是雙方再次牽制住彼此，從此脫離不了融合的關係。

京順說自己爲女兒犧牲、奉獻，盡一切努力照顧她。然而，實際上卻是將自己和女兒的手腳綁在一起，讓女兒無法自主行動，只能深陷於依賴的關係當中。京順不希望牢牢綁住兩人的那條繩子被切斷，因爲這個行爲將會撼動「自體」，爲年邁的京順帶來強烈的不安和憂鬱。所以京順的女兒必須站出來，幫助母親緩緩解開這條繩子。

她必須給予母親兩種同理反應，一種是幫助母親認識內心的需求，知道自己真正要的是什麼；另一種則是協助母親戰勝自己低落的自信心。從表面看來，京順無法離開女兒，但其實內在渴望的是塡補寂寞。她必須重新接受這個事實——不是只有家人，才能滿足人際關係中的寂寞。老年期的人際互動，通常是由家庭和當地生活圈所建立起來的。

此外，對關係的渴望和關係當中的疏離，將再次影響自戀感和自尊心。總而言之，京順所經歷的疏離、執著、對關係的渴望，都是源於不健康的自體。所以在她能夠堅強自立，重整破碎不堪的自體前，如果能提供一個重要的對象給予「適切的同理反應」，將能有效安撫京順老年不安的情緒。

# 我真正的情緒是什麼？

「越是長時間把情緒埋藏在心底，
無法真實表達的人，越難以面對失落的衝擊。」

## 面對自己真正的情緒

「母親一點也不難過。」

「丈夫過世，母親看起來不怎麼難過啊？」

「是啊，一點也不難過，反而很生氣的樣子。所以我覺得她非常可怕。我也想過，會不會是爸爸過世前犯下了什麼滔天大錯？」

祈碩說話時努力保持鎮定，但從他閃爍的眼神中，不難想見他內心的焦慮。父親過世時，母親異常冷靜的模樣令他驚慌失措，母親後來經常對妻子和自己莫名的指責與抱怨，又讓祈碩更難理解母親。

「你要有一桌好菜讓我吃，我才吃得下飯啊！」

「別人的孩子都會帶媽媽到處旅行，你們每天只去自己想去的地方。」

祈碩因此準備了各種美味的食物，耐心地勸母親到附近散散心，看看心情會不會好一點。然而，祈碩每次的建議總是遭到否決。即便如此，母親還是天天找碴，拿某某人的孩子來跟自己相比，稱讚對方有多孝順，責怪孩子們在丈夫過世後，完全不照顧無依無靠的自己。祈碩不明白，母親究竟為何這麼不講理。

祈碩記憶中的母親，原本就是翻臉比翻書快的人。當她期待的事情沒有實現，便會立刻爆發，責怪他人。祈碩從未見過外公，據說外公在母親十四歲那年便過世了。母親從小就得幫忙外婆照顧五個弟妹的生計，外婆不允許母親有任何一點抱怨，或是出現悲傷的情緒。因爲母親是大女兒，外婆只願意讓母親讀完國中。看著代替自己穿著制服上高中的弟妹，母親不自覺心生怨恨，更討厭剝奪自己穿上制服權利的外婆。不過追根究柢，母親認爲這一切都要怪外公太早過世。

面對過去失落的經驗，母親與其說是感到難過或痛苦，不如說是將其視爲令人憤怒的恥辱。

**對祈碩的母親而言，留下孤單的自己離開人世的丈夫，和外公並沒有什麼區別。**

乍看之下，我們可能會認爲祈碩的母親是個眞誠坦率，毫不隱瞞個人情緒的人。實際上，她卻不懂得如何面對自己的情緒，甚至有逃避情緒的傾向。**當她直面自己難以承受的痛苦時，已經習慣將真正的情緒壓抑在心裡，選擇以憤怒或迴避的方式表現，憤怒最終成為她唯一能夠展現出來的情緒。**平時較少表現出眞實情緒、性格嚴肅的父母，在受到失落和悲傷的衝擊時可能影響會更大。

## 故障的情緒信號

精神心理學將悲傷歸類爲因離別、分離或依戀對象消失而產生的情緒。具體來說，因爲訣別或分離而變成孤單一人；可以分享心事、互相交流的對象消失；所愛之人的離世；未完成的夢想和破滅的希望；遭到某人的輕視等，都會造成這種失落的經驗。

一般而言，感到悲傷的人會以哭泣或淚水表達內心的痛苦，而這個訊號將會帶動他人給予安慰或深感同情。但是故障的情緒信號，無法表現出哭泣和淚水，而是做出錯誤的選擇，將原因歸咎於他人。

「他死後還是把我搞成這個樣子。生前已經讓我夠痛苦了。」

「……」

「我到底做錯了什麼？他什麼東西都沒留給我，就這樣一走了之，誰會感謝他？就他一個人最開心。死掉的人有什麼好可憐的？活著的人最可憐。」

「您就少說一點吧！」

祈碩受不了母親不停嫌棄過世的父親。兒子當然不會知道母親的情緒信號出現故障，只覺得聽母親一次次抱怨自己的身世坎坷，實在很痛苦。所以這種時候，祈碩總是急著插嘴，阻止母親繼續說下去，而不是回應母親的抱怨。有時急著想轉換母親的情緒，卻容易造成反效果。

「自己一個人活那麼久幹麼？沒有什麼貢獻，只是浪費糧食而已。」

「別這麼說啦。您看孩子們一個個順利成家立業，過上好生活，還有一間用您名字買的小房子。像您這樣已經很幸福了。人生又不是要過得多轟轟烈烈才算過得好。」

「那有什麼用。最後還不是變成一個人死在房間的獨居老人？這都要怪你爸！」

「您都用負面的眼光看這個世界，當然看到的都是不好的。不要太怨恨爸爸了。」

「真的是有其父必有其子，現在都站在他那邊。虧我這麼辛苦把你們養大，結果一點用也沒有。」

祈碩努力想要扭轉情況，卻由於回答過於急躁，不僅沒有達到說服的效果，反而讓母子之間的關係更加疏離。丈夫過世的失落經驗，肯定讓祈碩母親心裡五味雜陳，不會只有單一情緒如此簡單。面對自己剪不斷，理還亂的複雜思緒，母親想必相當痛苦。所以她才選擇了自己熟悉的憤怒與質疑的情緒，而不是陌生的悲傷。

此時，我們所能做的，就是盡量以中立的態度回應對方的情緒。即便這樣的負面情緒混雜著對死去的父親的憤怒和厭煩，也要試著耐心傾聽，不輕易反對。

只要暫時順著母親的話，溫柔回應「原來如此」就好。這樣的回應，能讓母親知道自己產生情緒並沒有錯，同時也表示兒子有嘗試理解自己。

## 發現真正的情緒

卡謬的小說《異鄉人》，以一句「今天媽媽死了。」為開頭，主角莫梭在母親的喪禮上沒有悲傷與落淚，因而被懷疑是犯下殺人罪的兇手。在死亡這樣的失落經驗面前感受不到悲傷，不代表對方不是令他珍惜的人，也不代表自己不愛對方。即便那並不是一般人常見的情緒表現，不等同於這個人無情無義。**當遇到隱藏自己情緒、只放任憤怒發洩出來的人，協助他們適當表達自己真實的情感才是最好的方法。**

我本身也是首爾某間看守所的人格教育矯正委員。在被關押的囚犯中，多數人依然對自己的處境感到憤怒，顯得鬱鬱寡歡，或是表現出怨恨、憎惡某人的情緒。

有一次，我陪著受刑人繪製人生曲線圖，利用機會跟他們聊聊事件發生當下的情緒，並回想當時的感受。令人驚訝的是，原本只在意個人情緒的他們，在繪製人生曲線圖的同時，開始看見身旁的人。我只請他們談談自己的情緒，沒想到他們還記得當時在事件中一起承受痛苦的人。於是他們卸下憤怒，表現出內心的悲傷。

「我其實很難過。如果沒有發生那件事，現在大家還可以一起聊天說笑的。是我害了家人，讓他們生活在痛苦之中，我很抱歉，也很自責。這件事讓我很難過。」

一個人在歷經負面事件後，多少會產生失落感，而失落又必然伴隨著悲傷而來。所以許多專家認為，人生中無法解決的許多心理疾病、生理疾病，都和過去被壓抑、壓迫，得不到妥善對待的悲傷有關。

根據心理學家潘尼貝克（James W. Pennebaker）於一九二八年在美國達拉斯進行的研究，眞誠表達個人情緒，將對心理與生理健康帶來至關重要的影響。潘尼貝克研究配偶因爲交通意外或自殺而突然離世的人，在此之後健康出現什麼樣的問題。原以爲配偶在交通意外中死亡的個案，應該能維持健康的狀態，因爲交通意外的死亡較能被當事人平靜地接受。

結果卻出乎意料。在這項研究中，最主要的變數並非配偶如何死亡，而是「活下來的人，如何向他人訴說自己的情緒」。**向他人吐露個人經驗的「坦誠」行為，當下不僅讓腦波的狀態和皮膚電阻值趨於穩定，事後也改善了免疫功能，對血壓、心率等帶來正面的影響。**情緒（Emotion）一詞，源於拉丁文中表示「移動」的「Movere」。時時刻刻改變的情緒，不可能永遠加以束縛。對於性格挑剔、喜怒無常的祈碩母親，子女必須主動挖掘她心中積壓已久的悲傷。

關係修復處方

## 面對痛苦，接受痛苦，放下痛苦

若想解決失落帶來的痛苦和悲傷，必須徹底經歷「面對痛苦，接受痛苦，放下痛苦」的過程。**尤其得讓年邁父母接受失落，最重要的是幫助他們建立信心，讓他們知道未來的情況會比現在更好，再加上有家人的陪伴，一定能順利克服這個過程。**

「你爸爸一個人走得心安理得。」、「他生前也只會讓我吃苦。」、「活著的人最可憐。」、「自己一個人活這麼久要幹麼？」從母親充滿責備和憤怒的話語中，祈碩可以好好思考母親對死去父親的感受，以及她對自己人生的想法。

一個人獨留人世，母親自然是悲傷、不安的，對原生父親的怨恨也依然存在。儘管她沒有直接說出自己心中的悲傷，我們也應知道這是她面對未來必須一個人活下去的日子時，內心油然而生的不安和恐懼。現在開始，可以試著引導母親盡情表達自己的情緒。

不妨透過以下幾個問題，幫助母親回想過去，並站在現在思考過去發生的事件，藉此發掘母親更多不為人知的情緒。

「您什麼時候最想父親呢？」

「您什麼時候最討厭父親呢？最感謝的又是什麼時候呢？」

「如果父親還活著，您想和他一起做些什麼呢？」

從子女的立場來看，這可能只是單純找話題聊天，但對母親而言，這將會成為她接受內在情緒的經歷。更廣義來說，就是學習「接納自己」。

沒有被內在接受，只能積壓在心底的悲傷情緒，終將轉變爲責怪他人、攻擊他人或是自我破壞的行爲。一旦產生菸、酒、藥物成癮，或是嘗試自傷、自殺等自殘行爲反覆發生，就可能造成更嚴重的健康問題。這種時候，建議務必尋求專家的協助，不要一個人想辦法解決。

## 老年憂鬱症檢測

以下是韓國國立精神健康中心（National Center for Mental Health）提供的老年憂鬱症檢測問卷。請依照個人直覺，圈選符合目前狀態的答案。

| | | | |
|---|---|---|---|
| 1 | 大致滿意目前的生活嗎？ | 是(0) | 否(1) |
| 2 | 最近活動量或感興趣的事有減少嗎？ | 是(1) | 否(0) |
| 3 | 對目前的生活感到空虛嗎？ | 是(1) | 否(0) |
| 4 | 經常容易覺得厭煩嗎？ | 是(1) | 否(0) |
| 5 | 有開心地度過每一天嗎？ | 是(0) | 否(1) |
| 6 | 害怕發生不好的事情嗎？ | 是(1) | 否(0) |
| 7 | 覺得自己還算幸福嗎？ | 是(0) | 否(1) |
| 8 | 常常覺得無力嗎？ | 是(1) | 否(0) |
| 9 | 不喜歡出門，比較喜歡待在家裡嗎？ | 是(1) | 否(0) |
| 10 | 發現記憶力比別人還差嗎？ | 是(1) | 否(0) |
| 11 | 活著是一件值得高興的事嗎？ | 是(0) | 否(1) |
| 12 | 覺得自己的生命沒有價值嗎？ | 是(1) | 否(0) |
| 13 | 現在的生活充滿活力嗎？ | 是(0) | 否(1) |
| 14 | 對自己目前的狀況感到絕望嗎？ | 是(1) | 否(0) |
| 15 | 覺得別人都過得比自己好嗎？ | 是(1) | 否(0) |

（依照選項括號內的分數加總）總分：________

- 0～5分：正常
- 6～9分：輕度憂鬱症
- 10～15分：重度憂鬱症

資料來源：Y.Jang, B.J.Small & W.E.Haley（2001）

Part 2

# 成年子女和
# 年邁父母的角色

努力共創家人之間眞正的獨立。

# 想要隨心所欲的自由

「好兒子、好女兒的框架，
持續加深心中的罪惡感。」

## 孩子，可以放著父母不管嗎？

手機螢幕跳出兩個清晰的字：「爸爸」。掏出手機前，美瓊深深吸了一口。一看到來電顯示，她立刻停下動作，彷彿全身的功能瞬間故障。父親打電話給美瓊，一定是爲了錢。

今年三十五歲的美瓊，在父母離婚後，扶養單身的父親已經第十五年。父親生活沒有固定收入，偶爾會像這樣突然打電話過來，理所當然地討錢。

「我現在急需三百萬[1]，身上有錢的

話，明天匯進爸爸的戶頭。」這種時候，美瓊已經無暇顧及自己的情況，只能先回答：「知道了。」趕緊掛掉電話。

雖然已經到了需要靠借貸來應付父親的程度，但美瓊卻從未向父親說過自身的情況。令她不解的是，自己內心那些被壓抑的悲傷情緒，竟沒有向父親宣洩出來，而是退回到無力抵抗、只能任憑父親予取予求的自己身上。

對美瓊而言，父親從沒有當過一次好爸爸。他只有在需要錢的時候才會出現，像是豺狼虎豹一樣貪婪地盯著女兒的口袋。美瓊心裡真正的聲音，其實是：「爸，您可不可以別再像個孩子一樣？我不想再這樣繼續下去了。」她隱忍已久的悲傷和憤怒，在諮商室裡一股腦地傾洩而出。

＊1：約合臺幣七萬元。

## 無法擺脫的心理債

美瓊的父母在她高中畢業那年離婚。雖然父母離婚不需要子女的同意，不過美瓊對於自己在父母之間發揮不了任何作用，還是深感愧疚，連續幾天放聲痛哭。在她的記憶中，父親並不是個好人。父母經常大聲爭執，這時情緒激動的父親會將手上抓到的物品全部扔到地上，怒吼自己工作不順利都要怪母親。母親不會默不作聲，反倒接著大吼：「我一定是瘋了！我圖的是什麼，怎麼會繼續和你這個人住在一起？要不是爲了孩子，我早就離開這個家了。」大聲怨嘆自己的遭遇。

美瓊認爲母親過得不幸福、父親工作不順利，全部的錯都在自己身上，也對此感到痛苦。但當時美瓊所能做的，只有把房門上鎖，乖乖待在房間裡。

她怨恨自己不能在父母之間擔任調停的角色，也想藉由答應父親所有的要求來償還心中的債務。但是十五年過去了，如今美瓊的心理債絲毫沒有消失，而是擱淺在內心幽暗的深處，她也無計可施。美瓊希望結束這段永無止境的付出。我告訴美瓊，如果那是她眞心想要的，就去做吧。不過，她還是無法輕易放棄付出，原因就在於怎麼甩也甩不掉的「罪惡感」。

## 好兒子／好女兒 vs 壞兒子／壞女兒

孩子在手掌大小的小魚缸裡飼養綠藻球，本來有兩顆，某天忽然又多了一顆小小的綠藻球。應該是從某一顆綠藻球繁殖出來的，不過沒辦法知道是來自哪一顆，總之這顆綠藻球身分不明。

對我們而言，「身分歸屬」是一個能夠立刻證明自己是誰的重要證據，可以不必耗費唇舌向他人解釋。從這點來看，可以說所有人都歸屬於父母與家人。因爲每個人都是由父母所生，在「以父母爲中心的家庭」中開始自己的生命。我們無從選擇，父母就是我們存在的根本。正因如此，導致人們長期身處在強調「孝道」的文化之中。

孔子在《孝經》中對孝的解釋是：「天之經、地之義、人之行。」暫且拋開利益交換和資源分配的生物法則不談，光是被生下來，成爲某人的子女，我們就必須恪盡孝道。

但是，由孔子孝行觀發展出的奉養父母的責任，在現今社會已逐漸式微。根據韓國統計廳的分析結果，年輕人對於扶養父母的意願，確實從二〇〇二年的七十·七%，下降到了二〇一九年的二十六·七%。不過同意「如果有機會或條件允許，願意扶養父母或聽從父母決定」的人，仍各有三十六·六%、三十四·六%。這也反映了一個訊息，現代人仍無法完全擺脫在孔子孝行觀之下，子女必須扶養父母的責任。

在諮商室遇到的子女們，總會以「好兒子、好女兒」或「壞兒子、壞女兒」來定義自己。比起自己的處境，他們認爲當父母的好兒子或好女兒更加重要，希望父母眼中的他們，是沒有違反常理、恪盡職責的子女。所以在子女的觀念中，當年邁父母因爲人類無法抗拒的老化，導致生理上、心理上的依賴度增加時，如果對此視而不見，就會被當成敗壞倫常。

千萬不可用道德良心的尺度來衡量自己，哪怕只有一點這樣的想法，也會使子女們感到自責。如此一來，子女們會喪失在與父母關係中的所有選擇權，將自己困於「迫害者」的框架中，不停怨恨、責怪自己。

## 母親的淚水使我善良

孩子是在什麼地方第一次接觸到「A是B」、「A不是B」的提問呢？答案是「家庭」，正確來說是「父母」。無論有意還是無意，父母總會不斷將世界的框架灌輸給孩子。比方說，教育子女時，父母經常使用「你應該要……」、「你不可以……」等話語。如果再加上「好或不好」、「乖或不乖」、「對或不對」等非黑即白的邏輯，孩子把自己困在框架裡的約束力就會越強。這種排除個人主觀思考與判斷的方式，一味接受父母或老師等權威者的思維和選擇，進而建構自我內在規範的情形，在完形治療法中稱為「內在投射」或「內攝（introjection）」，是理解個人心理問題的關鍵。

某天，孩子在看電視時，忽然問我：「媽，那個人是好人還是壞人？」孩子對某個政治人物接受採訪的反應，瞬間讓我陷入沉思中。沒有任何政治知識和經驗的孩子，肯定會理所當然地將父母的想法當成自己的想法。我和先生無意間的對話，也會成爲孩子未來看待世界的標準。

同樣的情況還有看完以日本殖民時期爲背景，講述獨立運動家故事的電影或電視劇後，孩子常會說：「日本很壞。」或是每次想起三歲開始照顧自己的外婆時，孩子總會說：「希望外婆不要回鄉下家，繼續和我們住在一起，這樣我才不會對不起外婆。」在沒有父母的教導或強迫下，孩子仍會自發性的建立起一套必須遵守的標準，並規定自己服從，這正是所謂的「自發性內攝」。

回到開頭的故事，父母當中沒有任何一個人強迫美瓊成爲迫害者[2]，有時父母甚至會冷冷地說：「有人強迫妳過那樣的生活嗎？」

但是父母必須知道，這個情況不像在工作時，在業務報告資料上簽名表示同意

＊2：知名心理學者卡普曼（Stephen Karpman），曾提出心理遊戲三角形的理論，他將人際互動關係以三種角色來呈現：「拯救者」、「受害者」、「迫害者」。當我們讓自己成為其中任何一個角色時，就會進入這三種角色的循環。一開始是為他人犧牲奉獻的「拯救者」，接著開始覺得自己很委屈而進入「受害者」，接下來，是指責他人無法看到自己的付出，而成為「迫害者」。

那麼簡單。而是子女透過不斷地內攝，將自己困在「好兒子、好女兒」的泥沼中，成爲罪惡感的奴隸。坦白說，這跟強迫孩子過那樣的生活沒有兩樣。

美瓊每次聽到母親撕心裂肺的哭喊聲，總會更加堅定自己的想法：「我不可以讓媽媽難過。無論發生什麼事，都不可以成爲媽媽的累贅。也千萬不能讓爸爸生氣，爸爸媽媽爲了我放棄了自己的幸福，所以我要表現得更好。」於是，美瓊做了萬全的準備，一步步走上好女兒的道路。也許在完全擺脫罪惡感之前，她都無法脫離現在的生活方式。

## 不受兩種聲音左右

美瓊渴望脫離父親，放下好女兒的身分，從此和父親形同陌路。儘管她已經下定決心，卻還是數度想證明自己不是天底下最差勁的女兒。美瓊擔心的是，會不會有人批評自己不該有那樣的想法，她也不希望聽到外人隨口給她道德上的建議，要她好好想想什麼才是最有智慧的解決辦法。

「妳要體諒父親。如果子女都做不到，還有誰會體諒他們呢？爸爸只是不說而已，他心中一定是很感謝妳的。」

「照妳想做的去做吧！哪一個決定讓妳更自在呢？」

美瓊眞正需要的，只是別人尊重她的想法、支持她的決定而已。美瓊至今從未有過自己的想法。換言之。她未曾跳脫父母建立的框架，試著從她所經歷的環境來塑造自身的行爲。所以從現在起，她需要一個能自己選擇、親身體驗，並且爲此負責的機會。那麼，她該如何不受這兩種心情左右呢？

如果想擺脫自己不想做，卻又非做不可的事情，就必須在不做這件事的時候，克制住內心油然而生的罪惡感。假使再怎麼想，還是覺得自己身陷罪惡感的幽暗深淵中，那就代表自己依然缺乏選擇自由的勇氣。所以請捫心自問，究竟在自由與罪惡感之中，哪一個更有助於維持自己心理上的安寧，那怕只有勝過一點也好。當然，一開始可能得面對心中潛伏已久的內攝的聲音。

優勝者：有人要求你過那樣的生活嗎？
劣敗者：這樣的話太不負責任了吧？
優勝者：你自己心甘情願，能怪誰！
劣敗者：我才沒有心甘情願。是因為我害怕、擔心，所以什麼話都不敢說。他們根本沒有好好保護過我。[3]

方法其實非常簡單。想像一下拒絕父親的要求，只維持表面關係時的情況，好好感受那一刻的情緒和想法。接著用〇至一〇〇的分數來評分，想想**自由帶來的解脫和舒暢是幾分；而責備、批判自己的罪惡感又是幾分**。藉由白紙黑字的數字來看，就能稍微降低自己選擇時的猶豫不決。

＊3：關於優勝者與劣敗者的定義，請參考本書P.155。

如果選擇了其中一個，就必須心甘情願地接受，不再逃避。預料之外的責備、憤怒和悲傷等情緒，或許會反覆出現折磨著你的內心，即便如此，我們也必須試著接受這個情緒，爲自己負起責任。

# 放棄扶養也未嘗不可

「真正的獨立，並非是完全切斷關係，
而是讓彼此擁有完整的心理空間。」

## 要是陌生人就好了

撰寫本書期間，我在江陵住了一段日子。坐在住處的書桌前，只要一轉頭，就能看見一望無際的湛藍大海和沙灘。起初，海浪聲聽起來有些駭人，不過隨著時間的推移，海浪聲逐漸變成了白噪音，成爲助我一夜好眠的最佳安眠曲。當我需要深度睡眠時，常會在睡前刻意開一點窗。有時，也會被遠處海平線上緩緩傳來、岸邊四散飛濺的浪花吸引，一整天的目光都停留在海浪上。

某天，我一樣被海浪聲吸引，靜靜地欣賞著海浪，一只鮮紅色的風箏不知從何處飛來，飄揚在蔚藍的海洋上。目光隨著風箏上上下下，當風箏差點被推高的海浪打濕時，我的心中更是一驚。不禁想著「風箏的主人是誰」時，目光自然望向海邊三三兩兩聚集的人群。儘管在海岸邊依稀可見某人轉動捲線器的形影，但也僅止於此。

纏繞在捲線器上的細長風箏線，另一端連接著巨大的風箏。單憑風箏是飛不起來的，必須綁上風箏線才能在天空翱翔。看著飄揚在蔚藍大海上的風箏，不禁讓人想起「自由」一詞。只是這個自由，必須依靠綁住自己的風箏線和捲線器才能獲得，正如人類所享有的自由一樣。

「這一切都是老爸害的，您還不知道嗎？誰叫您逼我準備根本不適合我的公務員考試……」

「有好好吃飯嗎？為人父親的，生病可就麻煩了。就算沒胃口，也一定要按時吃飯。」

兒子大學畢業後，絲毫沒有就業的打算，整天坐在電腦桌前打遊戲，滿嘴厭煩和抱怨；還有八十多歲的老母親，五十七年來從未間斷的擔憂和操心，這些狀況都讓宣皓筋疲力盡。

宣皓正是現今社會中處於五十至六十歲間的三明治族，身為一家之主的他，上有老、下有小，必須揹著沉重的包袱努力生活。但未來的三年內，也即將面臨退休。

工作一輩子不曾休息的宣皓，原本期待著和過去一起打拚的妻子享受閒暇時光，從此過著清靜自在的老年生活。但是按照現階段的情況看來，短期內仍得照顧目前還未就職、並且不保證什麼時候可以找到工作的兒子，也得同時扶養十年前守寡的老母親，繼續回到辛苦的工作岡位上。宣皓很久以前就認爲扶養家人理所當然是自己的責任，但一想到自己什麼也得不到，便深深感到空虛。

當他心情低落時，兒子的一舉一動在他眼裡都是那麼刺眼。宣皓原以爲讓兒子讀到大學畢業，就算盡了父母的義務。想不到即將邁入三十歲的兒子，卻理直氣壯地向父母索要零用錢。電視新聞中造成一堆問題的尼特族，竟然在自己家裡就出現了一個。坦白說，要不是自己的兒子，他真想把這個糟糕透頂的米蟲趕出家門。宣皓期待的老年生活不應該是這個樣子。在我看來，宣皓的處境就像被風箏線綁著，飄揚在天上的風箏一樣，令人惋惜。

## 我要放棄扶養的義務

近年來，韓國社會普遍存在的家庭問題之一，就是八十多歲父母扶養五十多歲尼特族的「八〇五〇問題」。尼特族（NEET, Not in Education, Employment or Training）是指未接受教育或職業訓練，也不具有在職身分的青年。別說是全球十三歲至三十四歲之間的年輕尼特族了，就連三十五歲至五十九歲的中年尼特族，也正持續增加中。在日本，甚至有擔任過農林省次官的七十六歲父親，殺害足不出另一方面，在歐洲青年失業率第二高的西班牙，法院也作出父母沒有義務扶養子女的判決。從這些事件來看，就能知道尼特族女子帶給全球父母的壓力有多大。沒能及時經濟獨立的子女，在任何一個家庭中都會是問題人物。

宣皓的兒子在畢業後的一年內，也忙著參加就業讀書會和準備面試。但是無法錄取自己理想中的工作，讓他逐漸意志消沉。宣皓看不下去，建議他報考公務員，於是兒子又在補習街待了一年準備考試，結果依然不盡人意。接連幾次的考試失利，讓兒子越來越逃避接觸外人，最後躲在家中沉溺於電腦遊戲。

宣皓知道兒子才是最痛苦的人，所以至今也沒有多說什麼。為了避免兒子再次受到打擊，宣皓盡可能滿足兒子所需的零用錢。這種不希望將貧窮留給下一代，因而盡力滿足子女需求的補償心理，已深埋在宣皓心底。然而，他不知道這樣的行為，對兒子而言，並非是正向的協助。

宣皓堅信孩子的問題就是父母的問題，但這種想法一半對，一半錯。當然，宣皓兒子因爲在成長過程中不曾遭遇挫折，想要的東西父母都會無條件提供，造成他已習慣「向父母索要」的模式，將之視爲滿足個人需求的方法。即便如此，也不能斷定宣皓兒子成爲尼特族的原因都在父親身上。實際上，應該視之爲親子關係間互動的結果。換言之，這個問題是「世代間的責任」，必須先考慮各種責任之間的關聯性。

假設子女體重過重，父母或許會將原因歸咎於遺傳，不過這也可能是錯誤的飲食習慣和缺乏運動所造成，子女也應負起相應的責任。所以宣皓兒子之所以成爲尼特族，不僅父母有扶養上的責任，兒子自己沒有設定人生目標、難以獨立自主，當然也有一定的責任。

換言之，雙方都必須負起責任。雖然這麼做，父母可能會感到些許不安和自責，不過現在是時候停止資助兒子的扶養行為了，應該讓兒子面對遲來的獨立。

## 切斷心理臍帶

父母和子女之間是由臍帶相連的關係，正如同風箏與風箏線一樣。這條臍帶必須適時切斷，才能確保雙方的性命。連結父母和子女的臍帶，又可以分爲生理上與心理上的臍帶。

如同大家所知，在生產過程中，任何人都會毫不猶豫地剪斷連結母親和懷中胎兒的生理臍帶。問題在於心理臍帶，切斷這條無形的臍帶，通常會伴隨著強烈的痛楚。心理臍帶不像生理臍帶有固定切斷的時間，也就是懷孕到生產的四十週，很容易錯過適當的時機。切斷風箏線，風箏將隨之墜落，但父母與子女間的心理臍帶本就是爲了切斷而存在。身爲父母最重要的任務，就是適時切斷這條臍帶。一旦失敗，彼此的人生將因此而充滿危機。

**切斷心理臍帶猶如孵蛋，必須先由雛鳥在蛋內輕啄蛋殼，聽見聲音的母鳥再從外**

**面啄破，才能完成「啐啄同時」**[4]。

父母該爲子女負起的責任，不僅僅是扶養而已。當時機成熟之際，更應引導孩子走向獨立。此時，只要提供孩子最基本的協助，讓他們可以達到經濟上與心理上的自立，活出獨立自主的人生。於此同時，父母也必須逐漸放下扶養子女的重擔。

研究跨世代家庭諮商的莫雷・包文（Murray Bowen），曾提出個體在心理上與家庭成員分離的「自我分化（Differentiation of self）」，這是家庭系統中最核心的概念與目標。他觀察精神異常者的家人是否具有共通點，結果發現他們也同樣缺乏個人自主性。莫雷・包文藉此提出一個健康家庭應有的重要特徵，也就是「自我分化」[5]。

人類在母親懷中受孕爲胎兒時，確實需要仰賴母親，否則無法生存。但是胎兒同時也具有追求獨立的特性。**自我分化良好的人，擁有理性思考的能力，因此能按**

照個人意志做出決定，並堅持這樣的立場；但自我分化程度較低的人，則必須仰賴他人才能存活。心理臍帶影響了他們的成長。

＊4：雛雞在即將戳破蛋殼出生的同時，也需要母雞由外輕啄蛋殼。這個狀況用來形容孩子在成長的過程，需要父母的適時引導。

＊5：「自我分化」意指個人之理智與情緒功能的分離；個體自我分化的程度，反映了一個人區分理智與情感歷程的能力。個人分化的程度越大，越能抵抗家庭情緒活動的打擊，較不容易受到家庭情緒所影響。

## 過度的關愛和責任感反而有害

宣皓和兒子雖然已經切斷了生理上的臍帶，但心理上的臍帶依然緊緊相連。原因可能是兒子認爲自己無法通過狹窄的產道，而選擇放棄；也可能是父母沒有察覺兒子渴望獨立的訊號，「啐啄同時」因此宣告失敗。

天下父母心，誰不會擔心孩子呢？宣皓也知道兒子之所以能維持生活，仰賴的是父母的資助，所以沒有信心果決地切斷這條臍帶。宣皓一方面感到不安，不敢在這樣的狀態下讓孩子獨立，一方面又感到焦慮，覺得自己還得繼續扶養兒子。他再度面臨了選擇的岔路。當然，從旁看著父親苦惱的兒子，如果某天忽然振作起來，開始準備求職，決定追求獨立，肯定是最好的結局。問題在於，不可能無止盡等待兒子自己開竅。

我問宣皓，孩子要改變到什麼程度，他才能在萬念俱灰中看見一絲希望？他說自己要求的不多，只希望兒子少打電動，開始找工作，那麼籠罩著兒子未來和自己當前生活的絕望陰影，似乎就能一掃而空。

後來，宣皓試著找出兒子爲何不肯找工作，整天虛度光陰的原因。原來兒子的想法是，如果進不了赫赫有名的大公司，就沒有臉面對一直支撐著自己的父母，所以變得越來越封閉，也喪失了自信。他甚至會這麼想：「既然得不到好結果，那就乾脆什麼事都別做吧！」

宣皓理解兒子的想法之後，認爲或許是自己的期待和過度擔憂，將兒子推向了深淵。他決定未來根據求職需求，調整提供給兒子的金錢援助。

宣皓是位好父親，也深愛著兒子。問題是他過度的關愛和責任感，刺激了孩子原本就不安的脆弱心理。父母將自身心理問題傳遞到孩子身上的行爲，稱爲「家庭投射過程（Family projection process）」。在這個過程中，父母傾向將自己所有的注意力都放在孩子身上，擔心孩子是否會發生不好的事。也確信自己擔心的事情正發生在孩子身上，孩子眞的有問題。遺憾的是，罪魁禍首正是宣皓繼承自母親的「不安」。

也因爲過度關愛，導致宣皓經常擔心自己給兒子的愛不夠。看見兒子求職考試失敗，意志消沉的樣子，總是歸咎於自己給的幫助太少，於是又再給予過度的關心和保護。造成兒子對父親的依賴越來越深，最後變成阻礙兒子自我分化的負面因素。

真正的「獨立」，並非是完全切斷關係，而是維持適當的距離，讓家人們擁有自己心理的空間，彼此能更專注於自我，所以千萬不要帶有罪惡感。

# 我們需要一些時間放下

「無關距離遠近，父母與子女們在日常生活中如何維繫彼此情感，才是影響父母心理幸福感的關鍵。」

## 從無條件付出到放下

年幼時期，家中是三代同堂，當時多數家庭都是由長子負起扶養父母的責任，而我家是排行老二的父親扮演著長子的角色。三代同堂的生活大致是平靜的，不過奶奶有時會找母親的麻煩。不滿媳婦做的飯菜，又對母親的口音或行爲有意見，經常借機刁難。奶奶的兒子是父親，爲什麼只有母親不但得扶養奶奶，還得承受這樣的爲難？小小年紀的我非常不滿。甚至懷疑，如果母親有權選擇扶養與否，她眞的會想服侍奶奶嗎？但這樣的狀況，應該不只出現在我們家。

其實關於扶養父母這件事，侍奉父母是生活中最不可或缺的一環，這通常與家務勞動有關，所以主要提供照顧的人大多是女性。然而，在現代社會，更多女性也得投入職場工作，雙薪家庭日漸增加，因此侍奉父母的重大任務，便成爲子女無法妥善解決的問題。

這些狀況自然導致了照顧父母的質與量大幅下降，而在扶養的形態上，過去的情況是與子女同住、接受子女扶養，近來則逐漸分化爲年邁父母獨居，或是入住付費機構後，接受子女經濟扶養與情緒扶助的形態。

我們無法斷言哪一種形態的扶養更好，父母所處的狀態固然重要，不過也應一併考慮負責扶養父母的子女當時的能力。如果成年子女已經結婚，那麼配偶對扶養的看法也應予以尊重。

## 沒有被消化的情緒

「哇，看起來真好，我也想跟他們一樣帶媽媽到處玩……」難得全家人一起出遊，慶善丈夫看著別人帶年邁父母外出，三代同堂的模樣，不禁脫口而出。慶善不是不知道丈夫話中的意思。她每次想起逐漸老去的婆婆，總會想著要好好奉養婆婆。但這樣的想法，隨即又被過去委屈的記憶填滿。

二十年前，慶善生下第一個孩子。由於羊水破裂，比預產期早了四週生產。畢竟是第一胎，一切都令她十分緊張。但是婆家沒有任何一通恭喜的電話，也沒有任何安慰或問候，關心她這次是否有受到驚嚇，或是叮嚀她好好照顧身體。

正好兩個月後，小姑也生下孩子，這次婆婆卻打電話來，問道：「怎麼不來看孩子？快來看呀。」

雖然心裡不是滋味，慶善還是決定做好自己該盡的義務，去了一趟婆家。回到家後，她看著睡得香甜，什麼都不知道的孩子，難過地哭了一整夜。

但是丈夫的反應卻令人灰心：「事情都過去了，有需要放在心裡這麼久嗎？」這種時候，慶善總覺得「丈夫比外人還不如，真的比外人還不如」。

慶善的婆婆從前就夢想著與兒子、媳婦同住一個屋簷下，所以早已買好一棟大坪數的公寓。公公和婆婆在慶善丈夫念國中時離婚，隨後公公立刻再婚。慶善丈夫是一男兩女中的長男，雖然沒有直接和丈夫討論過婆婆的扶養問題，但是在慶善看來，丈夫肯定會認爲長男無論如何都要扶養母親。想到婆婆年紀輕輕便獨力扶養三個孩子長大，吃盡苦頭，慶善也不是不能理解丈夫的想法，然而，慶善還是沒有自信能和婆婆在同一個屋簷下和平相處。

婆婆在經濟上還算寬裕，但婆婆的財力大多流向兩個小姑，而不是慶善的丈夫。慶善夫妻結婚時，婆婆說如果給予太多金錢上的幫助，夫妻倆會變得依賴她，養成壞習慣，所以只提供了一千萬韓幣[6]，補貼一點房子的租金。但是兩個小姑結婚時，卻以不能被婆家看輕的藉口，非常乾脆地贊助小姑足足十倍的金額。甚至二女婿遭到詐騙的時候，也說男人衝刺事業難免會被騙，再一次資助龐大的鉅款。

婆婆只對慶善夫妻無比吝嗇。慶善每次都忿忿不平，但是轉念一想，那是婆婆的錢，又不是自己的錢，也就沒有說出內心的想法。雖然心裡不好受，不過慶善至今從未想過要接受婆婆經濟上的援助。沒想到婆婆到了七十歲，態度忽然一百八十度大轉變。

「孩子也都大了，還要在那間小房子住到什麼時候？來我買的公寓一起住吧。等我走了，這些財產都會是你們的，不好嗎？我會把這間房

＊6：約合臺幣三十萬元。

子留給跟我一起住的人。」

聽到這句話的當下，慶善並沒有特別開心。也許有人會說婆婆都給了房子，之前的事就當作不曾發生過，心平氣和地住在一起不就好了？但慶善的想法不同，她比任何人都清楚，扶養婆婆必須肩負起更多責任，而這些任務大多會落在自己身上，所以她對婆婆的建議沒有任何回應。

## 什麼才是最重要的？

一提到「扶養父母」，許多人會立刻聯想到經濟上的扶養，但扶養不僅限於經濟層面。一般將扶養區分爲經濟上、心理上和生理上。必須先通盤考量父母和子女的情況與處境，思考扶養的型態和時間（例如，在這三種型態中，應該優先提供哪一種幫助，又該從什麼時候開始扶養），再決定最適合自己家庭的扶養方式。

其實經濟上的扶養，在保障老年生活安定的條件上占有相當大的比重。其範圍與程度也大不相同，從維持基本生計所需，到運用於興趣和自我實現的資金，都屬於經濟扶養。如果像慶善的婆婆資金較爲充裕，那麼子女的經濟負擔相對會小一些。但如果連老人年金、資產、固定收入或儲蓄都沒有，情況就大不相同了。

扶養父母時面臨經濟困難，不僅會影響年邁父母，也會降低整個家庭的生活品質（Quality of life）。**尤其是已婚的五、六十歲中壯年子女，如果下面還有未婚子女（或孫子、孫女）需要扶養，就陷入了「雙重照顧（Double Care）」的處境，經濟上的負擔自然更加沉重。**

根據二〇一八年韓國保健社會研究院進行的「中壯年層家庭雙重照顧現況調查」，在全體調查對象中，有三九・五%存在雙重照顧現象，並且認爲雙重照顧後，使家庭生活出現改變。他們抱怨陷入雙重照顧後，不僅經濟條件惡化，也出現了社會生活的限制、夫妻與被扶養人和兄弟姊妹之間的衝突、生理及心理健康的惡化等問題。這份調查結果顯示，相較於單一照顧，雙重照顧帶來的經濟負擔與心理痛苦更大。

無論如何，經濟上的扶養取決於父母經濟條件的差異，有時是子女提供金錢援助的扶養型態，有時則相反。至於心理上的扶養又是另一回事，心理扶養勢在必行，子女無法選擇，甚至可以將心理扶養視為照顧父母的關鍵。

多數老年人由於上了年紀，逐漸喪失自身的功能，活躍的舞臺也逐漸縮小，開始感到孤獨與疏離。因此，他們對生命的主觀滿意度也逐漸降低。甚至有部分老年人罹患憂鬱症，認為自己毫無價值，想法變得悲觀，最後放棄了生命。目前韓國老年人自殺率在OECD國家當中，已經超過十年蟬聯冠軍。我們必須注意的是，許多專家都將年邁父母與子女的親密感，視為老年人得以克服自身負面情緒，對個人生活感到滿意的首要因素。

## 眼不見，心仍念

人們常說，退休後想度過幸福的晚年，就必須接受人生舞臺的改變。我們的生命舞臺依序在家庭、學校、職場、當地生活圈之間轉換，而進入老年期後，活動範圍只剩下家庭和當地生活圈。當然，每個人的情況都不相同，但隨著年紀越來越大，從某一刻起，人生的舞臺便慢慢只剩下家庭。**這也代表「家庭」是一個人生命中最漫長的一段關係，將會維繫一輩子。所以受到家人孤立、排擠的生命，其滿意度和幸福感必定明顯低落。**

從各項研究結果可以發現，決定老年人生活品質最重要的關鍵，在於老年人個人主觀認定的生理健康，以及相當於情緒滿意度、社會滿意度、經濟滿意度的「心理幸福感（Psycholocigal well-being）」。尤其能在父母和子女之間發揮正向影響力的情感連結，更具有相當重要的比重。

先前住在都會區的哥哥，爲了讓孩子小時候能盡情玩耍，五年前特地調職到位於鄉下的公司。母親和那個時代的多數父母一樣，雖然不到偏愛兒子，不過對兒子還是有一份特殊的情感。聽到兒子即將搬到外地，母親表面上雖然沒有多說什麼，卻還是難掩落寞，說之後就不能經常見面，又問爲什麼非得跑這麼遠不可。在哥哥搬家後，和哥哥一家聚會的次數確實明顯減少。

儘管如此，母親仍會透過手機和哥哥保持聯繫，嫂嫂也經常會傳來孩子們的生活照。母親總是將孫子的照片放大，一副要將手機看穿的模樣，可見母親還是相當開心。

有些朋友得扶養年邁的公婆，三代同堂住在一個屋簷下。儘管每天早晚都能見到父母，彼此之間的對話卻不多。反而使進入青春期的兒子厭倦了爺爺、奶奶的嘮叨，變得更不想待在家裡。再加上丈夫連公司聚餐或週末的休息都受到控制，子女對父母的不滿也與日俱增。

許多人誤以爲父母和子女同住與否（距離上的易達性），對雙方的親密感影響甚鉅。可惜的是，父母並不會因爲與子女住在同一個空間或附近，就能獲得心理上的滿足。**相較於地理上的遠近，日常生活中如何分享和維繫彼此細微的情感，對情感連結的影響反而更大。**如果平時都有珍惜彼此、感恩對方的心，這種情感連結就能突破時間或空間的限制，對父母的心理幸福感帶來積極正向的作用。

有句西方諺語是：「Out of sight, out of mind.（眼不見，心不念）」。在探討父母的扶養時，這句諺語代表了什麼意義？生活周遭經常能看見與年邁父母同住或者相隔兩地的子女，這些人都不約而同地告訴我，這種生活方式「有好有壞」。

沒有與父母同住的子女，由於接觸父母的次數較少，難以提供用餐或聚會、陪同就醫等日常生活上的協助。即便如此，也不代表這些子女對父母的愛與尊重、信賴與情感較薄弱。當然，如果經濟條件允許，且平時父母和子女之間沒有太大衝突，維持著良好的親密感，那麼盡可能滿足經濟上、心理上和生理上的扶養，是最理想的方式。

但是慶善的情況不同。她對婆婆和婆家的怨恨從未消失。如果貿然以孝道情感勒索，逼迫她負起扶養的義務，必定會引起家庭革命。因此，相較於扶養父母的責任，慶善更迫切需要面對的，是對自己心理層面上的照顧與覺察。

# 適當的責任分配

「父母的鼓勵或手足的心理支援，
都將是主要扶養人繼續支撐下去的最大動力。」

## 沒有理所當然的角色

每次新學期開始，學校都會選出班長。孩子有時候被選為班長，有時候被選為副班長，對這個身分感到無比驕傲。然而，在進行三年級班長選舉時，孩子第一次吞下敗仗。我以為孩子會很失望，一問之下，竟得到意料之外的答案。

「沒關係啦。現在想想，班長又要幫老師跑腿，又要做很多服務，事情實在太多了。沒選上還比較好。」

這當然是孩子自然表現出的防禦行為，想

要安慰信心全失的自己，但至少孩子有充分理解到班長這個職位背後的責任，十分了不起。

從代表一個班級的班長開始，我們這一生中被賦予了許多角色，大多是自己所選擇的。而這個角色應當負起的責任，選擇權也操之在我們手中。不過，有些事情的發生不會經過當事者的同意，最具代表性的便是「子女」和「兄弟姊妹」的角色。如果這個角色帶來的責任比好處更大，想必任何人都會拒絕吧？

宗勳當了一輩子的長子，就像國小班長一樣，又要幫老師跑腿，又要忙其他雜事，除了可以在黑板寫下班級裡「不聽話的人」的人名字外，根本沒有任何特權，這就是班長。宗勳並沒有因為是長子而獲得特別待遇，至少他記憶中是如此。

「我不想再這樣下去了。該做的都做了，現在我連照顧自己都覺得無力。而且想想你嫂子，跟我這個什麼都沒有、只有長子頭銜的人結婚，辛辛苦苦走到現在，她到底犯了什麼罪？」

宗勳把至今埋在心底的話全掏了出來，他比任何人都清楚這對弟妹們會帶來多大的衝擊，然而，他再也不想獨自承擔責任。

偶爾會有人說，反正父母的財產最後都會給長子，看在這些財產的面子上，雖然辛苦一點，還是好好照顧父母吧！但宗勳並非因爲可以繼承父母的遺產，才接下扶養的工作。單純只是因爲長子與兒子的身分，被要求無止盡地犧牲，甚至這一切都變成理所當然。

於是，宗勳第一次有了想交棒的念頭。只要可以交棒，他多希望卸下二十五年來照顧父母的責任。這段時間，他不是沒有表達過這個想法。然而，每次當他提起自己已經長期照顧年邁父母，希望弟妹們能體諒身爲長子的他已經做了許多犧牲時，弟妹們只會立刻劃清界線，說：「我們不是每個月都會照你的要求給孝親費嗎？」因此他一句抱怨辛苦的話也不敢說，深怕破壞兄弟姊妹的手足情誼。

## 長子，也可以遞出辭呈嗎？

宗勳是兩男兩女中的長子，總是對弟妹感到失望。一樣都是父母的孩子，爲什麼只要求他負起扶養的責任？也不知道自己何時才能放下這個沉重的枷鎖，一想到就心煩。仔細回想，在成長過程中所得到的也沒有比弟妹多，更多的反而是放棄和犧牲。即使到他長大成人，這個情況也絲毫沒有改變，讓他感到憤恨不平。宗勳感到不解，爲何扶養父母的義務不能由兄弟姊妹平均分擔？弟妹只會搬出「住得比較遠」、「手頭不夠寬裕」等藉口，從未想過一起承擔責任，這些原因讓宗勳十分難過。

其實，我也曾和宗勳有過相同的困擾。我是三兄妹中的老么。從孩子三歲那年開始，母親就來幫我照顧孩子，一起住了十年。後來孩子逐漸長大，母親自然而然搬去與住在鄉下的哥哥同住。我們三兄妹會一起思考母親老年生活的責任，也互相分享大大小小的事情，分攤工作，不希望彼此太累。

但是因爲和母親住久了，從母親的用餐到醫院看診、休閒娛樂等大量活動，自然而然由我們夫妻負責。偶爾我也會像宗勳一樣，對哥哥、姊姊感到失望。但是我沒理由發難。一開始爲了上來照顧孩子，母親還辭掉了工作，甚至賣掉鄉下的房子，全部搬到我這，犧牲了許多。我深知母親肯定下了極大的決心，所以一方面也認爲補償母親付出與犧牲的義務在我身上，試著接受內心各種複雜的情緒。於是，扶養人的角色便落在了我身上。

以我的情況來看，畢竟是我拜託母親幫忙照顧孩子，同時也選擇了扶養母親，所以相對容易接受各種不便的情況。但是，若只因爲身爲長子，就得承擔所有責任的宗勳，肯定難以化解對弟妹們感到的失望。宗勳知道即使他喊累，事到如今也不可能臨時更換扶養人；而且就算他再怎麼累，也無法狠心到放棄扶養。只希望弟妹們可以記住一點他的辛苦，多點感恩，便足夠了。

**一些認為自己還不必直接扶養父母的子女，花更多心力在經濟上的扶養，誤以為提供金錢給父母就算盡了自己的責任。但是，扶養不僅止於此。**

其實扶養父母的人所面臨的困難，不單純是扶養所造成的經濟負擔，還有到父母家整理家務或給予心理上的支持，甚至是爲了扶養父母而影響自己在職場上的升遷或社交生活。如此一來，直接負責扶養父母的人，難免會對其他兄弟姊妹感到失望。**對他們而言，比起扶養本身所帶來的壓力，周遭家人無法提供援助的失望所造成的壓力更大。**

## 扶養的角色不分兒子女兒

隨著平均壽命的延長，扶養父母的時間逐漸增加，如今已進入父母和子女一起邁入老年的時代。過去，子女人數比需要扶養的父母人數要多，負擔相對較輕，不過近來更多情況是子女人數少於需要扶養的父母人數。

因此，越來越多人認爲父母的扶養問題不應該完全歸責於個人，而是整個國家或當地社會必須共同負責與思考的課題。

扶養父母的型態也日漸多元，從過去與子女同住，到父母獨居，一方面接受子女經濟扶養、情緒扶助，或是父母住進付費養老院或療養院等機構，只接受子女經濟援助。在六十五歲以上的高齡人口中，有四分之一認爲老年生活應該自己爲自己負責。其實根據二〇〇二年至二〇一八年統計廳的報告，認爲父母扶養責任在家人身上的百分比，從二〇〇六年的六三・四大幅下降至二〇一八年的二六・七。

反之，認爲應該由國家或社會等公家機構扶養的百分比，從二〇〇六年的二八・八提高至二〇一八年的五四。回答父母應該爲自己負責的百分比，也從二〇〇二年的九・六持續上升至二〇一八年的一九・四。相較於此，由長子或兒子負責照顧的父權社會扶養觀念正逐漸削弱，從二〇〇二年的一五・一％下降至二〇一八年的一・三％。認爲兒子和女兒都有責任扶養父母的百分比，在二〇一八年達到一九・五。這代表以孝道爲基礎的家庭主義下的父母扶養觀念，已逐漸式微。

## 克服扶養的低潮

宗動忍了二十五年才爆發的需求，難道有錯嗎？他不能像對公司遞出辭呈一樣，告訴家人自己想暫時放下扶養父母的責任嗎？我不認爲宗動是自私的，也不覺得他這麼做就是想拋棄父母的不孝子。每個人多少都會經歷身心俱疲的低潮，宗動也不例外，目前的他正處於低潮期。

宗勳不久後就要退休，撇開扶養不談，眼下的他，即將面臨自己人生中巨大的失落感。宗勳也需要時間好好檢視自己一路走來的人生，並為老年生活做好規劃。這並非不合理的慾望，難道他沒有這麼做的資格嗎？

照顧父母一輩子的長子，如果某天忽然宣布自己放棄扶養，父母受到的衝擊肯定比誰都大。或許有人會這麼說：

「如果父母知道孩子扶養自己的負擔那麼大，又搞得大家都不開心，他們肯定會很自責，甚至有可能會產生老年憂鬱症。我不是不知道扶養父母有多累，但是他們那樣太不孝了吧？」

確實有些子女厭倦扶養，想將燙手山芋丟給其他人。實際上，在家事法庭中進行的眾多扶養費判決案例，或許就是證據。為了避免對宗勳、年邁父母和弟妹們等所有家庭成員造成傷害，彼此應當互相理解和體諒，盡可能達成圓滿的協議。

宗動的父母，必須以同理心看待和自己一起變老的子女。父母是人生的前輩，早已經歷過上了年紀的各種失落。此時父母如果能多多安慰與鼓勵宗動，必能讓他了解自己至今扮演的角色有多麼出色。**與其以負面的想法看待這件事，認為自己被大兒子拋棄，不如想成是和其他子女相處的好機會，彌補過去沒能一起生活的遺憾。**

相信在父母的諒解下，宗動將可獲得喘息的機會。

宗動的弟妹也必須感謝大哥，無論這段時間表現得好或不好，宗動仍舊是獨自扛起所有子女的責任，盡心盡力照顧父母。不能以爲自己支付了費用，就算是共同承擔照顧父母的責任，這種想法相當危險。**我們不能忘記，親密感是年邁父母最需要也最不可或缺的扶養，而且這種親密感不是距離上的遠近可以決定的。**住得遠或許是很好的藉口，但不會是最充分的理由。

此外，弟妹們也應該理解和體諒大哥「雙重照顧」的苦衷。宗勳說過，只要弟妹們願意分擔自己身上的重擔，提供情感上的支持，即使不是現在立刻幫忙，他也能獲得極大的安慰與力量。所以，宗勳一家人需要的是加強彼此互相依賴的情感連結，這就是家庭凝聚力。

**家庭凝聚力的核心是「互相依賴」。並非是單純的某一方依賴另一方，而是彼此成為交織錯落有致的經緯線。**如果不希望家庭關係演變成主角孤軍奮戰的三流電影，就會需要在關鍵時刻發揮功能的配角。而宗勳現在需要的正是配角的支援。

幾年前，曾發生一起藝人全家死亡的悲劇。十五年來一個人盡心盡力照顧年邁父母的五十多歲男子，先殺害患有老年癡呆的八十多歲父母後，再結束自己的生命。遺書上寫著：「我先帶父母走了，我要把一切都帶走，請原諒我。」看著這則報導，內心感到無比沉重。雖然能體會留在世上的其他家人有多麼悲痛，但是一想到這位男子如此盡力侍奉父母，最後卻做出這樣的決定，當下是什麼樣的心情，不禁爲他感到難過。

經過調查，這位男子患有憂鬱症。獨自扶養老年癡呆的年邁父母，其中的辛苦難以言喻。要想避免「久病床前無孝子」，就不能將責任全部推給一個人。身處於超高齡社會的大家，都必須明白扶養不再是一個英雄可以承擔的，而是所有人共同的難題。

# 和父母一起慢慢變老

「回想親子相處中的正面事件，
得到父母高度滿意的肯定和關愛等，
將能逐漸削減心中抗拒的聲音。」

## 成年孤兒

有時我也會害怕年紀增長、擔心變成老人，所以潛意識中盡可能地抗拒與逃避。在我上年紀的同時，父母也跟著慢慢走向人生的終點。當我年紀越大，越像是把父母推向終老的罪人。

「孤兒」一般是指失去父母或遭父母拋棄，變得無依無靠的孩子。我對孤兒這個詞的感受是悲傷的，就像胸口到喉嚨整個部分阻塞住了一樣，感到沉重又窒息。成年後失去父母的人，一般不稱爲孤兒。孤兒如字面所言，是針對「幼兒」的用語。

我經常這麼想：「母親過世後，我就是孤兒了。」父親雖然已經離開十五年，但因爲母親還健在，使我不會深陷悲痛之中。然而，母親離開後，我就成爲孤兒，儘管還有其他的家人，但沒有任何人可以取代父親和母親的位置。即使現在步入中年，我依然擔心變成孤兒，也難免對此有些感傷。

看著母親逐漸老去，遠比我自己上了年紀更令人心碎與心痛。出生後教我第一句話的人、聽我牙牙學語的人，將不復存在於這個世界。我希望盡可能地減緩老化的速度，而母親也一樣非常緩慢地老去。

## 罪惡感和厭煩，兩種情緒的拉扯

離別總是悲傷的。已經做好準備的離別和尚未做好準備的離別，依然會使人情緒低落。即便如此，惠媛不希望是這樣的情況下分開。惠媛在公司上班時，接到了母親病倒的消息。在趕往醫院的路上，惠媛整個人猶如槁木死灰，心中捲起一陣又一陣波瀾，她祈禱千萬別是自己想的那樣。然而，醫生卻要惠媛跟母親說話，這有可能是最後的道別。母親用顫抖的聲音，勉強吐出一句話。

「辛苦妳了。我對不起妳，沒能好好對待妳。」

惠媛聽到母親的「對不起」，在趕來醫院途中好不容易壓抑住的淚水，瞬間潰堤。

「都到這個時候還說什麼對不起？媽，我沒事，我沒有怪您。您別死！」

母親躺在冰冷的病床上，眼睛逐漸失焦。惠媛將母親一個人送進手術室後，全身被從未體驗過的恐懼籠罩著。之後，惠媛的母親住進了加護病房。

某天探視時間結束，惠媛回到家，從冰箱取出泡菜盒正想配著飯吃，看著只剩湯汁的泡菜盒，惠媛像個五歲小孩一樣哭了起來。一想到這可能是母親醃的最後一次泡菜，她怎麼樣也無法把剩餘的湯汁倒掉。

這個沉重的包袱究竟是什麼？因扶養的責任而隱忍許久的情緒依舊鮮明，爲什麼如今看到母親醃的泡菜湯汁，卻又熱淚直流？其實她也曾經感到厭煩，不知道要爲母親的老年生活負責到什麼時候。隨著年紀的增長，母親的生活圈明顯縮小，大小事都得依賴惠媛。她和丈夫是雙薪家庭，有兩個孩子要養，生活忙得不可開交，還得負擔母親的生活費、花心思照顧住在附近的母親的生活起居，以及逢年過節時大大小小的活動。

有時候也想假裝聽不見母親說她「哪裡痛」、「想要什麼」，這些嘮嘮叨叨的碎念。她也曾經故意晚一點接電話，或是明明聽見母親說需要什麼東西，卻又假裝沒聽見：「喔，是那樣啊？我不知道耶。」這種時候，她總會對於自己身爲獨生女的身分感到不平。

但是這些過去她不曾感到抱歉的無禮行爲，在母親進入手術室的那一刻，開始清晰地浮現在腦海。她心想：「如果早點體悟到母親總有一天會永遠離開，我會不會對扶養造成的壓迫感稍微釋懷？要是多一點關心，母親是不是就不會病倒？要是聽到她說自己身體不舒服的時候，立刻帶她去醫院，是不是就沒事了？如果經濟狀況允許，可以和母親同住，是不是就能保證母親的健康？」被罪惡感籠罩的惠媛，已經無法脫離後悔的深淵。直到母親身體狀況危急，她才開始正視自己對母親有過的各式各樣情緒，例如，怨恨、厭倦、厭煩、依戀、自責。

## 各式各樣的情緒

俄羅斯文豪托爾斯泰，在五十多歲中年階段創作的《懺悔錄》中，介紹了一則東方的寓言「岸樹井藤」。在草原上遭到兇猛野獸攻擊的旅人，爲了躲避猛獸，躲進了乾涸的老舊水井中。但是水井底部有一條蛇，正張開血盆大口想把他一口吞下。井外的猛獸和井內的蛇，正一步步威脅著他的性命。

無奈之下，他只能抓住水井中間從縫隙間長出的野生灌木，勉強支撐著身體。不料，就連灌木樹幹上也爬滿了白鼠和黑鼠，開始啃噬樹幹。在這個窮途末路的時刻，死亡已經無法避免。更令人無言的是，這位旅人忽然發現灌木葉上沾滿蜂蜜，竟開始舔起了樹葉。在四周潛伏著威脅、隨時有生命危險的時刻，他正舔著蜂蜜。

如果是我會怎麼做？會想盡一切辦法設法逃離嗎？蜂蜜到底有多香甜、多好吃，可以讓旅人不肯放棄呢？我們應該將蜂蜜看作是幫助人們度過艱困人生的力量嗎？或者，蜂蜜只是讓人暫時忘卻痛苦的快樂？到底哪個才是正確的，眞令人感到混亂。

托爾斯泰認爲，蜂蜜指的是「家人」。他主張所有人類都活在相同的條件下，並且悲觀地認爲從某一刻起，人類將欺騙自己和身邊的人，從此活在謊言之中。大文豪的觀察相當引人深思。蜂蜜即便替換爲金錢、名譽、權力、成功、學歷，也無法成爲支撐人類挺過痛苦的動力；**但若替換為家人，堅持的意志力或許會變得不同。和我們的生命與死亡站在同一線上的人，正是家人。**

比起有時讓人討厭的母親，惠媛更怨恨討厭母親的自己。經過母親這次的事件，她感受到了兩種情緒，但在這個世界上，又有多少人能批評她的心情呢？正如托爾斯泰所言，不論是欺騙還是僞善，父母對子女或子女對父母，這之間必然存在著這兩種行爲。雖然惠媛有時討厭母親、對母親感到失望，但是對於倒掉母親爲自己醃的泡菜湯汁，又感到不捨與自責，這樣的情緒不該遭到指責。在我的好友當中，有些人甚至不敢從冰箱取出母親醃的最後一盒泡菜。所以我能告訴她的，只有一句「不是只有妳這樣」而已。

小時候玩過一個遊戲，把一株洋槐葉摘下來，一片一片拔下葉子，默念「喜歡、不喜歡；喜歡、不喜歡」。沒有人知道一株洋槐葉會出現幾個「喜歡、不喜歡」。**人心也是如此，即便面對同一個人，也可能存在兩種對立的情緒。過得不好的時候，討厭的情緒可能更強烈一些；生活稍微輕鬆一點的時候，溫暖的情緒也許會像春天的新芽般冒出頭來。**

我們可以將它看作是人類邪惡的心思，也可以說是托爾斯泰口中的「欺騙」。但人心豈有可能經過千百次的衡量與評估，最後才做出公平的決定？每個子女在成長過程中，都會逐漸發現自己對父母的喜、怒、哀、樂等心情，只是察覺到的時期不太一樣。

我在授課時，偶爾會讓學生畫出舒伯（Donald Super）在生涯發展理論（life-career development theory）中提到的生涯彩虹圖，這是根據年齡畫出自己生命中不同角色的練習。令人意外的是，在這些角色中，有的人遲遲無法畫出子女的線條。子女的角色從零歲開始，而子女的角色結束於父母過世的時間點。這個練習進行的方式相當簡單，只要想像父母大概會在自己幾歲時過世（當然現階段父母都還健在），再畫出線條即可。但有許多人畫不出這條線，或許是因爲在過程中深刻體會到父母眞正的死亡，同時促發了各式各樣的情緒，與父母或子女間的關係表現得好或不好無關。

## 發現真正的聲音

像惠媛這樣心中出現兩種矛盾情緒是非常普遍且自然的，多數人應該都親身經歷過。即便常見，也不代表不會有任何痛苦。惠媛身為獨生女，長期獨力扶養父母，肯定已經筋疲力盡。即使她想擺出自己艱難的處境，藉此遠離扶養父母的責任，也不可能隨心所欲放下重擔，所以難免會感到厭煩和怨恨。由於無法直接表明自己的想法，惠媛表面上雖然扶養著父母，心中卻無法擁有絲毫喜悅，只有不滿的情緒不斷被壓抑著。這樣的狀況下，讓富有同情心的惠媛，反而無法接受感到不滿的自己。她也因此產生混亂，並激起無限放大的罪惡感和自責情緒。

在惠媛內心深處有這樣的聲音：「妳已經盡力了。做到這樣就已經足夠，也沒從父母那邊多拿什麼好處，妳也會累啊！」然而，此時卻又出現另一個壓抑、克制這種心思的聲音：「爲人子女不應該有那樣的想法。妳只想到自己，太自私了。妳眞是個不孝女，不顧父母辛苦把妳養大的恩情，會遭天譴的。」這些道德上的束縛，讓惠媛內心產生了動搖。有時她會加以反抗，告訴母親「我能做的都做了」；有時卻覺得自己太不孝，以提供母親零用錢的方式找回心理上的安定。惠媛落入了毫無頭緒的誤解中，以爲自己前後不一的扶養態度，是讓母親更痛苦的原因。

完形治療法將一個人內在不同的兩種聲音，稱爲「優勝者（topdog）」和「劣敗者（underdog）」。優勝者指的是信念般堅定的價值或道德命令，具有權威性的、指導性的性質；反之，劣敗者表示內在被壓抑、犧牲的人格層面。簡而言之，**劣敗者是我們無法表現出來的內在心聲，而優勝者**

是社會要求的道德規範。

有些職場媽媽忙於工作和照顧子女，過著蠟燭兩頭燒的生活。放假的時候，能充分休息是最好的，但是她們被困在自己設定的「好媽媽」模範中，每週帶著孩子到外地參觀學習。此時，一旦生理和心理上陷入低潮，內在的優勝者和劣敗者將會開始對抗，這便是我們時常經歷的內在矛盾。所以惠媛大可不必把自己視爲怪人。

沒有人喜歡和他人起衝突。而所謂的內在衝突，其實與外在和他人產生衝突相同，只是這個衝突在自己內心上演，所以痛苦只有本人感受得到，無法向他人訴說。若想緩和這個痛苦，就必須從傾聽內在眞正的聲音開始。「做到這個程度就夠了，妳已經很累了吧！」正是惠媛的心聲，她必須發揮力量面對這個聲音。換言之，當心中出現抗拒的聲音時，惠媛必須鼓起勇氣正視與面對。

回想各種經驗中正面的事件，例如，扶養母親時開心的事情、得到母親高度滿意的肯定和關愛的事情等，也會有所幫助。隨著這些事實的累積，心中抗拒的聲音會逐漸失去力量。如此一來，才能在彼此牽制、排斥的兩種情緒之間，達到完美的平衡。惠媛永遠記得媽媽說過的這句話：「因爲有妳，媽媽覺得好幸福。」

Part 3

# 在父母和子女之間，看清自己的心

我們不是從此走向陌生，而是逐漸長大成人。

# 不理所當然要求愛的回報

「別活在『你應該如何』的責任感與罪惡感枷鎖之下。」

## 將愛的價值，折合為現金

俗話說：「子女是前世的債主。」但也有句話說：「天下沒有白吃的午餐。」那麼，「任何父母都應該爲子女奉獻，不求孩子的回報。」和「父母有權向孩子索求自己付出的一切。」這兩種說法到底哪一個才正確呢？

過去曾發生過某個社會案件，是一位含辛茹苦將兒子拉拔成醫生的母親，將兒子告上法院，要求兒子支付扶養費。兒子雖然每個月的月薪高達八百到一千萬韓幣[1]，卻在和生活困苦的母親決裂後，不再提供母親零用錢。法院裁定兒子必須每個月給予五十萬韓幣[2]的生活費，直到母親過世爲止。父母與子女之間愛的價值，被折合成了現金。

在人際關係當中，當愛的價值無法轉換為彼此所期待的形式時，即使是具有血緣關係的父母或子女，也可能因此變得比外人更疏離。

我在地方邀請的作家講座上，遇到了七十多歲的婦女梁順。演講結束後，梁順走向正在收拾東西的我，開始吐露心中對孩子的不滿。

「孫老師，父母應該可以要求孩子買需要的東西給自己吧？或是跟孩子要點零用錢吧？這難道是什麼滔天大罪嗎？是誰把他們養大的？」

她說自己急需用錢，想找已經出嫁的女兒幫忙，卻被女兒委婉拒絕。梁順也知道女兒手頭不寬裕，能體諒女兒的處境，但是女兒卻說出一番怨恨父母的話，傷透了她的心。

＊1：約合臺幣二十到二十五萬元。
＊2：約合臺幣一萬兩千元。

「我是媽媽的提款機嗎?有事就打電話來要錢，妳又沒為我付出過什麼，搞得我很不開心……妳每次這樣的時候，都讓我很痛苦。」

雖然從小家境不算寬裕，但父母還是努力想讓女兒過著不愁吃穿的生活，梁順很想反問女兒：「哪裡沒付出?」但最後還是忍了下來。然而，內心鬱悶的心情，即使經過了一段時間還是無法完全消失。

## 從失望開始，彼此鎖上心門

一直以來，女兒都是梁順心中最大的驕傲。求學時期成績總是名列前茅，讓身為母親的她很有面子；女兒也從未請過家教，順利地考上了名牌大學，更是大學四年都領獎學金的優等生。大學畢業後，女兒立刻進入人人稱羨的大企業工作，三十歲那年和公司的前輩步入禮堂。在梁順眼中，產後依然繼續工作的女兒相當可靠，讓人感到非常放心。

但最近母女間越來越少聯絡，逢年過節或生日時也只是匯錢過來，說自己忙到沒時間回家。梁順知道女兒既要工作又要照顧孩子，當然很辛苦，也就沒有特別放在心上。但是久久才打一通電話給女兒，女兒的態度卻產生了一百八十度大轉變。梁順想了一整晚，輾轉難眠。「這孩子怎麼會這樣？是家裡發生什麼事嗎？夫妻吵架了？還是孩子不聽話呢？」再怎麼想，也找不到合理的解釋。最後，梁順突然想起三個月前發生的某件事。

三個月前，女兒曾打電話表示新買的公寓要付中途款[3]，目前還缺一點資金，希望能向母親借點手上的閒錢。梁順與丈夫退休後，夫妻倆只能靠老人年金和子女補貼的零用錢生活，手頭上不可能有多餘的錢。女兒聽起來非常失望，立刻掛上電

＊3：韓國購屋一般分三階段支付，即簽約金、中途金與尾款，簽約金約為一〇%，中途金約為四〇~六〇%，尾款約為三〇~五〇%，後兩者可向銀行貸款，分期繳納。

話。不久後，梁順打電話給女兒，想詢問這件事後來如何處理，女兒只有淡淡地說提高了貸款金額，已經解決這件事。

梁順當下只覺得幸好解決了，卻沒想到女兒可能因爲此事，對父母心生埋怨。梁順感到十分難過，開始忿忿不平，明明知道父母的情況，卻用這個理由疏遠母親，想到這裡，積壓已久的負面情緒便如滾雪球般越滾越大：「現在幫不上忙了，就把我當成廢人。」

## 不存在「父母就應該要」，或「子女就應該要」的道理

最近走在街上，經常看見滿坑滿谷的夾娃娃機。從娃娃、玩具、糖果、扭蛋到生活用品，各種新奇的物品被擺在夾娃娃機裡。運氣好的話，還能夾到比花費金額

貴上好幾倍的東西。

回想起小時候，學校前的文具店也有抽抽樂。每次撕下抽抽樂上的貼紙，心中就緊張得不得了。文具店販售的商品也不少，從古早味餅乾到文具用品都有。所以玩抽抽樂獲得好東西的那天，放學回家的路上總是開心無比。獲得的回報比自己付出的還多，相信沒有什麼比這個更令人興奮的了。

這樣的心態在多數人身上都會出現。小從餐廳免費贈送一顆煎蛋，到平常想買的東西因爲太貴而猶豫，但現在竟然打五折；或是貸款買的房子一夕之間飆漲，相信沒有人會抗拒這樣的好事。**人際關係也是如此。在與他人的互動中自然而然會產生期待和回報，使雙方感到「喜悅、滿意、滿足」**。梁順感到不開心，主要是因爲結果與她所期待的回報不同。

人們經常將施與受（Give and Take）的關係，視爲建立人際關係的重要因素之一，但有些人對此不以爲然，將這句話單純理解爲「天下沒有白吃的午餐」。他們甚至嚴厲批評以「施與受」看待父母與子女關係的人，認爲將這樣功利的想法與親子間的關係劃上等號，違反了傳統孝道。

那麼，父母就應該無條件爲子女犧牲到最後嗎？無論發生什麼事，子女都必須扶養父母嗎？一路走來，在心理諮商的道路上，我見過許多因爲家庭內部要求無條件犧牲、負責而承受痛苦的人，其中包含了父母和子女。在我們的原生家庭中，或許也有人因爲這種若有似無的要求，正活在責任感與罪惡感的枷鎖之下。

希望各位用理性與合理的態度來思考，避免訴諸感性。在社會交換理論（Social Exchange Theory）中，假設任何人都會在與他人的互動中，選擇能將自己獲得的回報最大化，而自己付出的費用最小化。根據社會交換理論的主張，所謂的社會互動（social interaction），指的是行爲人之間交換有意義的物質、非物質回報的過程。可以作爲回報的資源相當多，不只是現金、知識、技術、社會認同、關愛、尊敬、服從等物質資源，也包含了非物質資源。最重要的是，當互動關係中的當事人彼此付出回報時，這段關係將得以延續；反之，一旦交換關係中的互惠原則被打破時，這段關係也將中斷。

傳統亞洲社會的扶養規範，至今仍建立在「父母或子女就應該要如何」的孝行觀念上，所以這裡以「交換」和「回報」來判斷關係是否能維繫的說法，或許會讓人感到不自在。但是，如果將親子互動當成人際關係中的一種，便能理所當然地接受這個道理。

上了年紀後，年邁父母無法再即時滿足子女的需求，反而顛倒了立場，變得需要接受子女的幫助，此時互惠原則自然會被打破。年邁父母的資源與成人子女的資源不同，一般會持續地減少，在交換關係中變得不利的年邁父母，其地位與權力逐漸降低，或是互動圈子的縮限，都與自身擁有的資源日益減少成正比。這不是視若無睹或刻意強求，就能繼續維持的平衡。無論是父母還是子女，都會在意自己付出和獲得的資源與回報，永遠無法脫離一方感到失望，而另一方感到不滿的情況。

## 父母和孩子之間，無法單方面付出

年輕子女常將他們的經濟收入或財富視爲自己努力獲得的報酬，認爲這一切專屬於「自己」。但部分年邁父母認爲，即使是子女自己的收入，也不只屬於子女，而是在父母犧牲之下所創造出來的。所以那些收入是「全家人的」，或者自己也擁有「其中絕大部分」，衝突也由此而生。

即使是我，也曾有過自私的想法。

**「媽媽為我做過什麼嗎？我從大學就開始打工賺學費和生活費，結婚也都是用自己的錢。考上大學後，一個人吃苦到現在，沒有接受媽媽**

任何幫助，媽媽沒資格跟我要求什麼。」

我總是說沒有從母親那得到過什麼好處，此時，母親都會反駁：「怎麼會沒有？」感到既生氣又委屈。但是比起母親的委屈，我一直認爲自己年輕時辛苦的歲月，更加悲慘、可憐。

然而五年前，服用抗心律不整藥物的母親情況突然惡化，最後不得不接受手術。雖然院方說這次手術不需要太擔心，但我還是無法擺脫「如果有個萬一該怎麼辦？」的念頭。直到這一刻，我一生中從母親那裡得到的無數恩惠，才像跑馬燈一樣一一浮現。擺滿整個餐桌各式各樣的美味泡菜；母親一大早起床準備，方便我在車裡快速享用的飯捲和便當；還有忍著疼痛，親自到停車場幫我提出差行李的粗糙雙手……瞬間心如刀割，此時我才明白，過去我得之於母親的太多，享受著母親的恩惠，卻沒有予以任何回報。一想到母親因爲我傲慢的話語而受傷，不禁心頭一緊，再怎麼努力克制，淚水仍然奪眶而出、停不下來。

## 改變觀點，就能填補衝突的鴻溝

雖然一不小心可能會變得過於功利，但是如果用社會交換理論的觀點來解釋梁順的個案，或許可以輕鬆化解。

換言之，**試著不去要求某一方單方面犧牲和給予好處，而是維持著雙方之間的互惠關係**。當意識到自己享受的好處，遠遠大過於雙方接收到的金錢幫助時，就能填補衝突的鴻溝。越是對自己平時獲得的好處感到滿足，父母與子女間的親子關係品質會越好。然而，問題在於子女期待的好處屬於物質層面，而父母的現況並無法給予滿足，導致雙方期待交換的資源產生落差。

帶年幼的孩子去百貨購物時，我會盡可能走避開玩具專櫃的路線。但是這樣費盡心機的努力，有時也會化爲泡影。孩子的眼睛有如老鷹，能精準找到自己想買的玩具。我們當然有能力購買孩子想要的東西，但必要時也得適當拒絕孩子的要求。首先，必須充分理解孩子想擁有玩具的慾望。接著，詢問目的，爲什麼想要這個玩具、拿這個玩具要做什麼。如果家裡已經有能滿足孩子慾望的替代品，就試著讓他放下這個玩具。

「原來你很想要這個玩偶啊！是因為衣服漂亮嗎？媽媽也覺得看起來很漂亮，但是家裡已經有一個類似的玩偶了耶！我們繼續玩那個玩偶，但媽媽會幫你製作一件漂亮的新衣服替換，怎麼樣？」

盡量讓孩子選擇次要方案，不一定非買那個玩具不可，這個方法在多數情況下行得通。當然，年邁父母和子女之間的資源交換，和小朋友的玩具無法相提並論，不過也不完全是兩碼子事。**因為比起交換的物質，更重要的是彼此交換的心意。**就像歐亨利（O. Henry）的小說中[4]，一對貧窮的夫妻各自變賣頭髮和手錶，用來準備聖誕節禮物一樣，這個禮物本身就是「愛」。

當然，情緒上的回報無法完全取代經濟上的回報。沒有收到自己期待的東西，可能會降低對回報的滿意度。但如果連這點都無法體諒，那麼這段時間累積的親子關係品質，或許需要更冷靜地仔細反省。

＊4：即《最珍貴的禮物》（The Gift of the Magi），道聲出版社二〇〇八年出版。

# 想牢牢抓住的心

「解決問題的關鍵仍是自己，探索自我的情緒與需求，才能劃清自己的界線。」

## 製造問題是誰的錯？

有時你會發現自己的行爲像被操縱的木偶一樣，卻無法確定是從什麼時候開始，也不知道原因是否在於父母。雖然我們不滿意父母的要求，但在某一瞬間，發覺自己總是按照父母的要求行動時，不免感到驚慌失措。

「媳婦呀，我看牆上的架子要修理，想自己試試看，沒想到跌了一跤，現在全身動不了。沒有和孩子們一起住，總是容易出問題。」

「媳婦呀，逢年過節以外的時間都看不到你們。我兒子以前從來不會這樣……最近他好像不再是我兒子了。家裡藏了什麼好東西，讓他都不想來我這裡？」

「媳婦呀，我腳痛，沒辦法自己去醫院，吃飯也沒有胃口。再這麼下去，可能一個人死掉也沒人知道。」

明明直接說出自己的需求就好，某些父母卻總會在不知不覺中情緒勒索，讓子女變成不孝子。

「如果知道我養你們吃了多少苦，你們就不會這樣了。」

「家裡沒錢還能把孩子們都栽培到大學，這附近除了我們家沒別人了，知道嗎？」

「年輕的時候嚴重透支身體，現在身上沒有一處是健康的……」

雖然很想問父母到底有什麼不滿，但終究沒有說出口。因爲就算問了，最後還是擺脫不了「孩子不懂父母的辛苦，罪大惡極」的臭名。

子女並非永遠都是來討債的，然而，有些父母卻不斷挑戰子女的羞恥心和罪惡感。雖然不是直接指著鼻子責罵，但聽在子女的耳裡，就像自己被說成是十惡不赦的壞孩子一樣。他們是故意想讓孩子有這樣的感受嗎？還是隨口發出的嘮叨？摸不透父母眞正想法的子女，只會覺得煩悶與疲累。

## 子女不是冤親債主

聽到婆婆說自己兒子婚後變了個人，想必沒有一位媳婦會開心。有時媳婦會感到自責，擔心是不是眞如婆婆所說，把原本孝順的丈夫變成了不孝子。例如珍熙的婆婆，任何大小事都一定要找兒子不可。從結婚初期開始，丈夫就會去婆婆家換燈泡、檢查水電、繳各種費用，甚至是將婆婆買的菜提回家……，幾乎是「無時無刻、隨傳隨到」的程度。不過這種時候，珍熙並沒有任何怨言。

婚前，丈夫就經常提起母親過去吃了不少苦，既得照顧生病的父親，又得供兩兄弟讀書。「以後賺了大錢，要好好報答過去對媽媽的虧欠，讓媽媽享福。」丈夫的這句話，珍熙已經可以倒背如流，所以心裡也能體諒婆婆。

但珍熙懷第一胎的時候，婆婆卻說：「我看兒子以後的日子不好過了。妳過一段時間再懷孕也可以，何必這麼著急？」、「媳婦，如果妳晚一點懷孕的話，我兒子就不用這麼辛苦賺錢……」彷彿把珍熙當成了罪人。珍熙起初只是不喜歡婆婆說話口無遮攔，所以表現出不悅的神色時，丈夫總會安慰她：「媽媽一個人吃了很多苦，她只是擔心才會這樣。妳多體諒她一點，媽媽很可憐的。」聽到丈夫這番話，珍熙瞬間覺得討厭婆婆的自己就像是壞媳婦一樣，心裡過意不去。隨著類似的情況反覆出現，珍熙越來越相信只有遵照婆婆的所有要求，自己才是好媳婦。

## 用子女的人生當武器，設下情緒圈套的父母

在心理學中有所謂的「情緒操控者」，也就是一般常見的煤氣燈效應（Gaslighting）。這是讓對方失去判斷力，藉此掌管與操控其心理的行爲，可以稱得上是一種虐待行爲，尤其經常發生在親子關係之中。

例如，當子女拒絕父母無法立刻答應的要求時，父母一邊感嘆自己的處境，一邊說道：「老了就該死了，何必爲了享受這些有的沒的，讓子女過得那麼辛苦。」在這種情況下，子女不免會對自己的想法和行爲感到懷疑與自責，「連父母的要求都沒辦法做到，我不是個好兒子或好女兒。」、「我是不是太自私了？」、「一定是我的不對。」最後，即使超過自己能力所及，也要硬著頭皮滿足父母的需求。

有些父母將子女從小到大的人生當成武器，對子女設下情緒圈套。**父母發出的無聲信號，其實是：「拜託你多關心我。」**如果直接用言語表達，可能會讓子女感

到厭煩，因此造成關係疏離。如此一來，關係好壞的責任就會落在自己身上，所以他們必須把責任轉嫁給別人。因此，父母會下意識地或者從某一部分開始有意識地設下情緒圈套，讓子女無法脫身。

當自己難以負荷的想法或需求湧現時，人們總會不自覺地將此轉嫁給他人，以減少自己感受到的痛苦和不安等負面情緒。「都是因爲你！」、「要不是你做那樣的決定，今天就不會發生這樣的事。」在家人、同事等各種關係中，我們一邊怪罪他人，一邊調整自己內心的痛苦，就稱爲「投射」。

梅蘭妮・克萊因（Melanie Klein）以「投射性認同（Projective Identification）」的概念，來說明這種投射表現得更加明確的情況。比方說，對子女「耍心機」，正屬於投射性認同。**比起直接用語言表達，他們有時搭配表情、手勢、身體動作或對話間的沉默、嘆氣、乾咳等非語言行為，向子女施加隱形的壓力。**這種投射性認同又可以分爲「依賴型投射性認同」、「權威型投射性認同」、「迎合型投射性認同」等。5

• **依賴型投射性認同**：「我沒辦法靠自己活下去，你不覺得我很可憐嗎？」、「我要怎麼做你才甘願？」、「你也知道，沒有你，我什麼也做不了。」這些話會引發子女的同情心，「如果我放手不管，父母搞不好會出事。」於是便瞬間心軟。

• **權威型投射性認同**：「沒有我的幫助，你能活到今天嗎？」、「沒有我，你絕對活不下去。」、「照我說的做就對了。」、「聽我的話。」父母下意識傳達權威的訊息，企圖將子女掌控於自己的權威之下。

• **迎合型投射性認同**：「知道是你虧欠我的吧？」、「要是你知道我爲你付出了多少，就不會這樣做了。」、「我一直在工作，從沒休息過。」試著討對

＊5：投射性認同一般分為四種，第四種為情慾型投射性認同。

方歡心，讓對方知道自己不斷犧牲和提供了大量幫助的功勞。

這些方式讓子女完全沒有思考的空間，因爲父母的一番話，子女捨棄了自己的情緒和想法，瞬間被罪惡感籠罩，變成了得盡力扮演好孝子角色的演員。我們之所以情緒會受到操控，就是因爲內在無法直面罪惡感，而自卑心、攻擊性、羞恥心等關鍵情緒由此被觸發。

## 解開情緒的枷鎖

情緒受到操控的人通常有些共通點，其中一項便是擁有強大的同理心。他們的特徵在於對他人的困難抱有強烈的同情，因此，情緒操控者以道德標準設下善與惡二分的圈套，強化羞恥心，並削弱他們的個人主張。他們雖然明白無條件接受情緒操控者的要求並不合理，但卻沒有勇氣予以糾正。因爲「同情、恐懼、罪惡感、羞恥心」的情緒，已經慢慢地侵入我們的內心。

若想要擺脫情緒操控，第一，冷靜辨別同情、恐懼、罪惡感、羞恥心的情緒，是否為自己真正的情緒，並檢視內在與這些情緒有關的想法。此外，那些我們信以為真、不那麼做就會讓自己變成壞人，引起心中罪惡感的道德信念，是否有例外的情況，也是需要檢視的問題。

「母親沒有我的幫助就活不下去。」、「母親會吃苦，會過著現在這樣的生活，都是因為我。」、「只要我表現得好，太太、媽媽和所有人都會過得更好。」這些想法在任何情況下都絕對正確嗎？再一次好好地問自己。我們堅信不移的許多信念，很可能都只是自己毫無根據的錯覺。

**第二，這或許是個老生常談的回答，也就是尊重自己的情緒和需求。**在一段關係中遇到情緒操控者時，我們也許會以為所有問題都在自己身上。嚴格來說，這不過是因為自己的界線不夠明確，即使是過度的要求也逆來順受，才讓對方得寸進尺，但我們其實並沒有做錯什麼。當你的自我主張和表達越微弱，對方企圖支配的力量自然就會越強。

因此，我們的首要任務，便是認識和探索自己的情緒與需求，才能劃清自己的界線。由此看來，能夠控制我們的並不是對方，而是自己。

最後，**記得別害怕衝突**。人們之所以害怕衝突，是因爲早已認定自己缺乏解決衝突的能力，不夠有自信。有時並非完全是對方的問題，有可能原因出在自己身上。也就是說，**若想解決所有人際關係中出現的衝突，最終的關鍵在於個人意志。有時候最好的辦法不是逃跑，而是勇敢地挺身奮戰。**

# 錯綜複雜的怨恨

「以正向的態度面對過去的自己，
而非活在自責與悔恨當中。」

## 再次出現的噩夢

「我最討厭爸爸說的一句話，就是『我來做的話，再好的事情也會被搞砸』。」

英基兩年前送走過世的母親，開始和父親一起生活。也許是這段時間心情非常鬱悶，在和我進行諮商的過程中，也是嘆氣連連。

近來，英基的父親脾氣越來越暴躁。尤其是每次從社區老人福利機構回來的那天，煩躁的情緒更加嚴重。不清楚發生什麼問題的英基夫妻只能看父親的臉色，除此之外別無他法。

即便如此，父親也不會直接對孫子生氣，所以英基對九歲的兒子說：「始宇，你去問爺爺，『爺爺和朋友玩得開心嗎？』好不好？」推著兒子去查探情況。天真的孩子照著父親的指示去詢問爺爺，這才知道他生氣的原因。

英基的父親最近參加了老人福利機構的早午餐料理教室，因為他想為雙薪家庭的英基夫妻倆盡一點棉薄之力。其實不久前的週末早晨，父親還做了三明治和沙拉，說是在料理教室學的。看著妻子驚訝又感動的樣子，英基的心情也非常好。

但一起上課的某位學員，卻這麼問父親：「你老婆都已經死了，就應該要求媳婦幫你做好吃的，等著捧飯碗就好，幹麼來學做菜？看來是孩子們都不煮飯給你吃吧！」據兒子轉達，當時爺爺什麼話都沒說，只是一笑置之，但是回到家後，卻無法嚥下這口氣。

兩年前母親罹癌，不到六個月就離開了人世。英基覺得父親只剩下一個人，擔心他感到寂寞，所以某天下班的途中，順路去了一趟社區老人福利機構。他查看過是否有適合父親參加的休閒活動後，拿了幾份課程介紹手冊回家給父親。起初父親不怎麼感興趣，後來是附近一位平時和父親很親近的朋友相約，才改變心意，有一段時間確實很喜歡去上課。但是這幾天非常奇怪，從老人福利機構回來後，心情總是變得更加低落。

問題是在這之後，父親的菸癮越來越重，兩年前母親過世時也是如此。那時父親的生活全部停擺，只是整天呆坐著，不停地抽菸。英基擔心獨居的父親繼續這樣下去會出事，於是一年前在沒有經過妻子的同意下，趕緊將父親接過來一起同住。而最近父親的樣子卻跟當時非常相似，英基擔心父親會再度回到母親過世時的狀態，深陷於悔恨之中。

## 人生至今累積的怨恨情緒

生命週期理論將「生命週期（Life cycle）」比喻爲春、夏、秋、冬四季。區分生命週期的主要原則，當然是年齡。不過「入學、就業、結婚、生子、退休、配偶的死亡」等人生大事，也是區分生命週期的標準。

一一檢視這些與人生大事相關的事，就能發現一個共通點，它們都與某件事「開始或結束的時間」有關。

經過四十多歲的中壯年期，生命週期進入老年期的人，他們的生活就像由低彩度、低亮度的色彩所構成的秋天與冬天，離一年的尾聲越來越近。眾所周知，秋天和冬天是翠綠色的樹葉逐漸轉黃的季節，是生命走向結束，而不是生命即將開始。對於走過六十多個年頭的老年人而言，他們經歷過的各種失落正不斷疊加在肩上，正如同冬天寂靜的早晨裡，無聲落下的雪。

挫折、沮喪、悲傷、自責、擔心、羞恥心，英基父親肩上背負著不斷疊加的情緒雪塊，與他走過的漫長人生相當。最終他喪失了熱情，只會埋怨他人，甚至在某一刻出現了憂鬱的負面想法，覺得自己的存在毫無價值，成了一具失去靈魂的軀殼。冷若冰霜的內心正如寒冬凍結的湖水，讓他動彈不得。這種時候，英基的父親總會把這句話掛在嘴上——「什麼都做不了，我已經沒用了」。

## 什麼都做不了，我已經沒用了

英基一方面對關上心門的父親感到同情；一方面又揮不去父親「爲什麼那麼懦弱？」的想法。

在英基小時候的記憶中，父親是世界上最偉大的人。從英基九歲到十三歲這段時間，父親在遙遠的中東工作。每到中秋節，離家一年的父親便會回來，檢查、修理家中的各個角落。當時父親拿著鐵鎚的背影，看起來非常強壯且帥氣。即將出發前往中東的前一晚，父親與朋友們喝得酩酊大醉，回到家後，讓英基坐下來，花了一個多小時不斷叮嚀身為長子的英基，要如何代替自己照顧好媽媽和妹妹。即使是喝醉酒，父親也從來沒有在家人面前失態。

總是如此強大的父親，卻在遇到金融風暴時第一次倒下。因為小本生意破產，父親為了躲避每天凌晨守在門口的債主，逃去了無人知道的地方。那時英基就讀大學一年級，妹妹才剛上高中。

因為連家人也不知道父親的去向，所以母親和英基每次在廣播和電視上聽到或看到「破產，五十多歲一家之主含恨自殺」等關鍵字，心臟就彷彿忽然停止一樣，非常擔心害怕。時隔兩年後，帶著憔悴神情回到家裡的父親，說他知道自己對家人做了多少壞事，並且請求家人的原諒。

儘管母親和英基說「過去的事情都過了、沒關係」，父親還是沒能放下包袱。母親在醫院被診斷出癌症時，父親的第一句話就是後悔和自責：「是我從前讓妳吃了太多苦，才會生病的。」從那時開始，父親從沒有一天放下對家人的罪惡感，暗自決定勢必要讓母親的病症痊癒，以彌補之前的過錯。雖然醫院表示已經無法繼續治療，但父親依然四處打聽，從海外購入了許多對母親病情有所幫助的東西。

儘管如此，最終仍然無法挽救母親的病況。父親只是捶胸頓足，認爲這一切都是他不夠努力，自己本該受到的懲罰轉移到了母親身上。那時父親也說：「什麼都做不了，我已經沒用了。」

自此，父親開始變得畏首畏尾，逃避人多的地方。他越來越常從睡夢中驚醒，說自己沒有胃口，吃飯也是有一餐沒一餐。與其這樣，英基反倒希望父親大吼大叫一番，把心中的憤怒發洩出來，可是父親卻什麼反應也沒有。

英基感到既難過又生氣，多希望父親能回到小時候令他崇拜的模樣。他將父親帶回首爾的前幾天，再也按捺不住心中的怒火，對著父親宣洩出自己鬱悶的心情。

「你要抓著過去到什麼時候？如果那麼後悔，乾脆跟媽媽一起走吧。何必這樣活著，讓兒子也跟著痛苦？」

一如預期，英基希望幫助父親回歸正常生活的努力化爲一場空，怒氣仍舊無法澆融父親冰冷的心。這一次，英基也不希望父親徒留怨恨，只是父親的時間依然停留在過去。

## 試著與失落和解

相信大家多少對於「憂鬱症」都有一些簡單的了解，這樣的情緒問題相當常見，在心理學上也稱之為「心靈感冒」。在老年人口中，憂鬱症更是精神疾病中最普遍的一種。憂鬱症會更加降低老年人對生活的滿意度和自我概念的成熟度，這些症狀分別可以從生理因素、心理因素、社會因素來看。

英基父親罹患的憂鬱症，是由心理因素所引起。由於自己長年待在國外，無法直接保護家人，在經商失敗後，又拋下家人獨自逃跑，之後連妻子的疾病也無法成功治癒。種種事件讓他認定自己是個什麼都不該做的人，就算做了，也是成事不足、敗事有餘，還有可能傷害到其他人，最後產生了自我否定的想法：「什麼都做不了，我已經沒用了。」他將自己定義為失敗的丈夫、失敗的父親，陷入失去自我價值的無力感之中。

因此，「家人」可說是英基父親的致命傷。尤其對過世妻子的罪惡感，更是讓他變得無力、憂鬱的最大主因。在早午餐料理教室中，他的致命傷再次被放大。英基父親成了沒有照顧好妻子的無能丈夫、讓媳婦吃苦的壞公公。

沒有什麼批評，比認為自己對別人毫無用處、自己是失敗者更嚴重的了。在我們的人生中，那些不被他人接受的行為或情緒經驗，終將引發自我輕視與自我批評。尤其像英基父親這樣經歷過各種大起大落的人，當他開始認定自己毫無價值而身陷無力感當中時，就會造成自我形象的崩潰。

心理學中，將人們對自我的認知與信任，稱爲「自我形象（Self-image）」。每個人內在的自我形象，如同茫茫大海之中幫助我們尋找航道的指南針，從工作到人際關係、目標設定等，都發揮了引導的作用。從常理判斷，什麼樣的人會對自己抱有高度的認知與信任呢？

首先，這個人必須徹底了解自己是什麼樣的人，也必須堅信自己能完成所有被交付的任務。因此，一生中曾經歷過越多的崎嶇坎坷，並從中獲得大量成就感的人，當然越有利。但是老年人在短時間內一次經驗過太多失落，例如，退休造成的職業喪失、收入減少造成的經濟能力喪失、角色喪失、身體健康的衰退、親人及配偶的死亡等，就可能削弱正向的自我形象。因此，**為了防止自我形象的老化，我們必須與自己經歷的失落和解，進而學會接受自己。**

根據研究自我形象模型的心理學家卡特琳・勒魁（Catherine L'ecuyer）表示，一般大眾所認識的自我，包含了身體上的特徵、財產、人際關係、興趣或才能等特質，以及我們映照在他人眼中的社會形象。在此基礎上，老年心理學家認爲，老年人如何看待「過去的自己」所經歷過的事情，將會影響他們心中的自我形象。換言之，失落本身不是無力感和憂鬱症的主因，如何面對失落才是最重要的。

英基父親最迫切需要的，是和自己的失落和解，也必須花點時間重新認識過去所認定的自己。試著改變人生被扭曲的核心信念，同樣能有一定的幫助。

「過去的我，是比任何人都願意為家人犧牲的爸爸。」
「過去的我，得到家人充分的愛。」

「我這個人永不放棄。」

「我是個願意承認自己錯誤的人。」

「我愛我的家人。」

自尊心低落、自我失衡和自我懷疑，是罹患憂鬱症的特徵。建立正向的自我形象，有助於擺脫這樣的狀態。若想靠自己的力量建立正向的自我形象，請問自己以下三個問題：

第一，該如何改變這個想法（扭曲的信念）？

第二，對此信以為真（或者懷疑）的根據是什麼？

第三，如果這是事實，最糟的情況會發生什麼事？

希望各位能透過上面的提問，發現自己過去腦中想法的問題點，並試著以更多元的方式來思考，慢慢予以導正。

# 小小的誤會，累積成巨大的不信任

「在話語背後的隱藏訊息是什麼？
試著傾聽，讓自己成為互動中的主導者。」

## 難道家不能是避風港嗎？

家族姪女生日當天，全員出動去姊姊家慶生。我家的獨生子特別喜歡跟在六歲表姊的身後，但是兩人正竊竊私語時，發生了一點小爭執，孩子一臉委屈地不停喊著：「才不是。」聽完事情的原委後，兩個孩子爭吵的原因雖然有點好笑，卻也令人心疼。原來姪女開玩笑說：「你和我的血緣不同。」孩子一邊否認，一邊說自己也流著相同的血液，極力想證明表姊和自己的關係。

流著相同血液到底意味著什麼呢？我們在稱呼特殊的同盟、重要的關係時，經常用「情同手足」、「一家人」、「宛如家人的關係」、「另一個家人」等句子。這個關係意謂著彼此情義相挺，絕不攻擊對方，永遠同理、支持對方，並站在對方那一邊。

不過他們實際上並沒有血緣關係。從生物學的角度來看，流著相同血液的只能是家人。但是不知道爲什麼，有時具有血緣關係的人，反倒不如沒有血緣關係的外人。**其實原因就在於對彼此有著過高的期望，如果一點小小的誤會沒有解開，就可能演變成致命的傷害。**

從事心理諮商以來，有一位我特別關心的個案，那個人就是瑞珍。今年結婚第十一年的瑞珍，一邊工作，一邊照顧兩個孩子，幾乎快要分身乏術。所以從三年前開始，住在附近的母親也經常過來幫忙。母親配合女兒、女婿上班的時間過來，等到兩人下班回家，再回到自己的住處。女兒下班回到家時，母親通常已經準備好晚餐了。

某天，瑞珍也是到了晚餐時間才下班，因爲整天都在公司忙著工作，那天連吃飯都覺得麻煩，只想趕快休息。

瑞珍一邊換衣服，一邊對客廳的母親說：「媽，您現在可以回家了。」她絲毫沒有預料到，這句平時也經常說出口的話，竟然會讓母親如此傷心。

此時從客廳傳來一句：「妳說什麼？」冰冷犀利的口氣，讓瑞珍的心臟忽然劇烈跳動。

「對啦，我在這裡做牛做馬，就是來看女兒這副德行的。我哪敢想什麼過好日子，在這裡根本不被當成人看。我一定是瘋了，才會這麼辛苦。」

瑞珍感到一陣煩躁。因為客廳有兩個孩子在，如果是平常的話，她一定會問：「媽，您怎麼了？」

但是今天拖著千金萬斤重的身體，或許是太累了，她沒有克制好，忍不住將情緒宣洩了出來：「到底又有什麼問題？」母親盯著忽然大發雷霆的瑞珍，繼續說：「看吧，妳現在就是沒把我當成一回事。我到底做錯了什麼，要這樣對我？」

瑞珍感到相當無奈，覺得母親又開始無緣無故不講道理。她試著從回到家的那一刻起，不斷回想，思考著自己是不是犯了什麼錯。只是一邊換衣服，一邊隨口說「媽，您現在可以回家了」而已，這句話也是平時常說的。瑞珍無法理解母親究竟是覺得哪裡被忽視。

她非常討厭每次都被母親隨心所欲操控著自己的情緒。雖然已經盡全力解釋這只是一場誤會，母親依然反覆跳針說著：「不用再說了。」甚至難過地哭了出來。瑞珍只能氣得跺腳，無計可施。每次遇到這樣的情況，瑞珍對母親的愛和虧欠便一點一滴消失。她覺得母親就像六歲小孩一樣，什麼事情都只能照著她的意思進行。

## 家人既是支持的泉源，也是衝突的原因

瑞珍母女吵架的時候，有時會像這樣毫不掩飾對彼此最直接的情緒。因爲不希望母女間的尷尬對孩子們造成傷害，瑞珍總會先投降，讓事情暫時告個段落。但是瑞珍依然覺得委屈，明明沒犯什麼大錯，卻每次都演變成自己彷彿是加害者，不得不迎合母親的心情。這樣的情況讓瑞珍越來越不開心。

親子關係既是互相支持的泉源，同時也是發生衝突的根本。有時，對彼此錯誤的期待和信念所建構出來的家庭神話，反倒會加深衝突。子女希望年邁的父母一如既往地慈祥、從容，也期待他們是個智慧的長者，能明智地解決所有問題；父母則希望子女繼續扮演聽話的孩子，永遠待在自己身邊。

父母和子女都在追求自己理想中的形象，因此，我們必須打破這樣的幻想。換言之，**首先必須接受上了年紀的父母可能重新回到六歲小孩的心理狀態，而成年子**

**女，也不會喜歡父母事事干涉，希望從此獨立自主。**

所有人生來就是父母的孩子，婚後則成爲孩子的父母，未來又將擔負起照護父母的責任。當然，我們也必須接受，自己某天也會角色互換，成爲子女的孩子。尤其在情緒上依賴度提高的年邁父母，最討厭被子女所忽視。在瑞珍媽媽的眼中，**最清楚看見的是女兒不肯對自己多關心，而不是女兒下班後疲憊的模樣。**因爲心情鬱悶，才會產生自己被忽視的想法。

但是瑞珍的立場不同，她覺得母親的心思難以捉摸。因爲相同的狀況，明明昨天都還能被接受，今天卻翻臉不認人。在瑞珍的眼裡，母親的情緒就像雲霄飛車一樣，忽上忽下。所以她已經能熟練地揣摩母親的心思，習慣看母親的臉色過日子。當然，也多虧了母親，她才有辦法無後顧之憂地投入工作，但是母親似乎將這件事當成盾牌，恣意操控自己的心理。

## 令人身心俱疲的不成熟父母

疲倦、遲緩、健忘、性慾低下、疼痛、無法學習新事物、嘮叨、畏畏縮縮、價值感低落、不參與活動、孤立、不事生產、警戒心等，這些特徵共同指向了什麼？答案是，一般人對老年人的直覺印象。當然，這些形象並不代表老年人的眞實面貌，它只是人們心中的直觀和感受所建構出來的模樣。然而，父母和子女之間產生的誤會和不信任，就是源自於不知不覺間所建立起的某些微小的刻板印象。

瑞珍記憶中的母親，是個固執又意氣用事的人。在她的人生中，並不存在和藹、高尙，永遠爲子女操心的慈祥母親。

母親和鄰居發生一點小爭執時，不會安靜、平和地聽完對方的話，冷靜地解決問題，而是先發脾氣，就像成天鬧事的鬥雞一樣。有時她扯開嗓子吵架的聲音，大到連路過的人都能聽見。此外，她經常不管三七二十一，堅持要提出自己的意見，搞得周遭人身心俱疲。瑞珍已經懶得和母親對話，反正所有事情都會按照對她自己有利的方向解釋。不成熟的母親，早已讓她身心俱疲。

## 傾聽彼此的真心話

面對難以忍受的負面情緒，只要努力擺脫就好。發生國家級的意外災難時，通常會連日插播新聞特報和相關部門的記者會。此時，畫面上必定有一位用手語傳遞消息的人。某天，我在翻閱新聞報導時，偶然看見一位手語翻譯員的採訪影片。他說手語雖然是以手溝通的語言，不過透過實際的身體動作或面部表情，更能傳達細膩的訊息，所以不能忽視非手勢（non-manual）的語言訊息。

當生病去醫院看診時，會先進入診療室進行各種檢查，以確認疾病的成因爲何，再聽取醫師對結果的說明。因此，診療是從接受檢查開始的。

但是心理諮商則稍微不同。從諮商者（個案）進入諮商室的瞬間，心理諮商便已經開始了。諮商師會觀察個案的打扮和步伐等所有訊息，並應用在心理諮商上。個案展現出的表情和細微的身體動作，都包含了情緒在內，這同時也是重要的線索，有助於在進行諮商的過程中，填補個案敘述故事過程中的空白。因此，單憑話語這樣的語言訊息，不可能完全理解一個人的內心。

人們常說，若想理解對方，除了話語表現出來的字面意義外，更要注意沒有顯現出來的隱藏訊息。但是在某些情況下，我認爲沒有必要刻意忽視或過度挖掘對方的隱藏訊息，因爲這些都來自於不必問也會知道的念頭。「母親是個固執又意氣用事的人」就屬於這個情況。瑞珍對於母親爲什麼固執、爲什麼控制不了情緒而爆發出來，並沒有太大的關心。但是，瑞珍該做的不是將母親當成脾氣暴躁的老頑固，而是應幫助母親合理思考自己的行爲。

經驗家族治療（Experiential Family Therapy）學者維琴尼亞・薩提爾（Virginia Satir）認爲，部分人採用「指責型」的溝通模式。例如，忽視對方想法，認爲自己的意見才是最好的，甚至對不肯接納自己意見的對方發怒，是因爲他們內在藏著自卑的心理。表面看來，他們一副「唯我獨尊」的態度，但實際上內心卻有一道「心理堤防」，不知道何時會潰堤。外表看起來堅強，心裡卻擔心別人發現自己是個漏洞百出的人，無論如何都不能被察覺到。於是他們用扭曲的「怒火、責備、獨善、執念」等武器包裝自己，率先對別人發動攻擊。因此，瑞珍首先該做的就是停止攻擊。

「媽，您在等著一起吃晚餐對吧？我今天實在是太累了……」

「被我突然這樣吼，您肯定感到很慌張、害怕吧！」

試著回到和藹的母親身分，像這樣堅定的盯著六歲孩子的雙眼，站在小朋友的立場把他們不合邏輯的話聽完。**與其感到委屈，不如設定這樣的目**

標，先試著傾聽，並讓自己成為雙方互動的主導者，掌握推動關係發展的控制權。

# 不應產生的疏離和孤立感

「家庭重心的轉移是人生必經過程，
年邁父母也應將重心轉回自己與配偶身上。」

## 失去人生的快樂

「媽，如果您非要管這麼多，那就不要來了。我們要照顧孩子，又要整理家務，難免有收拾不來的時候。我沒辦法每天陪著您，您每次來又要嫌東嫌西的，真的讓人感到不太開心。」

從小呵護到大的兒子，竟然說出這樣的話，相信沒有父母會不難過。母親看著兒子陌生的模樣，只好先摸摸鼻子回家，但是兒子盯著自己的眼神和凶狠的話語，依然縈繞在耳邊。尤其是婚前悉心照料的子女，婚後態度忽然轉變，父母肯定會受到相當大的心理衝擊。

但他們永遠會堅信自己教子有方，於是轉而將無奈的情緒發洩在別人的孩子身上，那人正是無辜的媳婦。

案例中的母親，在經歷一連串的事件之前，也深信兒子應該會永遠站在自己這邊。每次和朋友聚會，聽到朋友說：「兒子不是我的孩子了。」、「兒子婚後就是媳婦的。」她總會反擊說：「我兒子很孝順，總是把我放在最優先的第一順位。」嚴正否定朋友們的擔心。如今想到自己的兒子跟朋友家的孩子沒什麼不同，不禁自尊心全失。

這位母親，當下需要的是能安撫自己負面情緒的代罪羔羊，於是將目光放在「媳婦是獨生女」這件事情上。一想到兒子被媳婦搶走，就提不起任何動力。她對兒子夫妻的怨恨與日俱增，在這樣的情緒裡，她看見了每天討厭他人、想報復他人的自己，這讓她宛如生活在地獄之中。

人們處在壓力之下時，通常會先想到「如何消除壓力」的應對辦法。例如，透過直接的行爲來排除或修正有問題的情況，或是在情緒上嘗試減少負面的想法。但是如果意外事件帶來的衝擊過大，就有可能陷入「精神崩潰」的狀態，導致當事人無法做出任何回應。目前這位母親就深陷「兒子被搶走」的想法中，看不見逃離的出口。

## 陷入負面情緒的漩渦

對於這種沉迷於特定事物，而看不見其他面向，錯過身邊各種訊息的現象，心理學稱之爲「隧道視野（Tunnel vision）」。正如上述的案例，對兒子感到失望、憤怒、憂鬱和背叛的情緒，讓父母一蹶不振，喪失對一切事物的慾望。像這樣在某個事件中感受到的恐懼、害怕、憤怒等負面情緒，不僅會限縮人們的思考，也會影響我們所能活動的範圍。一旦發生隧道視野現象，注意力全放在同一件事情上，其他無助於脫離該情況的想法或行爲，就會被人們刻意忽略與逃避。

如同這位母親對兒子感到失望，轉而責怪媳婦，並且找出親家沒有兒子等原因和其他負面證據，試著讓「兒子被搶走」的想法成爲事實，就屬於這個情況。尤其**當人們在不安或壓力的環境下產生負面情緒時，更會加重隧道視野現象，導致無法再思考能擺脫問題的其他方式。這樣的結果，便是不斷助長負面念頭，讓情況惡化。**

當然，發生意料之外的事情而感到憤怒或悲傷時，任何人都會將焦點放在自己身上。他們認爲自己是世界上最可憐的人，而無法脫離當下感受到的情緒，這是非常自然的反應。**比起勉強消除這些情緒，練習改變觀點會更有幫助。**

神奇的是，在生物學和遺傳學的觀點上，會以肯定的態度解釋隧道視野。限縮思考和行動的範圍，有時反倒有助於人類生存。假設，忽然遇到野獸出現的危急關頭，是引發我們恐懼、憤怒等負面情緒的情況，那麼我們的所有神經系統都將集中在如何面對此危機，這個瞬間，人們便無暇考慮想吃的食物或旅行景點。將重點放在尋找如何生存的方法，才能更即時、更有效地行動。

那麼，若想緩解母親的情緒，該把重點放在哪裡呢？如果母親能思考兒子維護媳婦的意義在哪裡，或許會有幫助。兒子和媳婦夫妻關係融洽，扮演好彼此的角色，組織了另一個獨立於原生父母的家庭，都是值得思考的線索。如果連思考這些都無濟於事，那就必須回到和兒子的關係中，檢視母親執著於這段關係的情緒。

## 不是沒有立足之地，而是我們的位置改變

希望答案不會是單純的「母親過分溺愛兒子」。請將這個情況理解爲母親正在

經歷老年階段的失落，而非歸結於「母親的想法很特別」。

「失落感」在字面上的解釋是：「遺失某些東西後的感受或情緒狀態。」換言之，在失落的經驗中感受到的負面情緒，就是「失落感」。當人類無法再繼續追求自己認爲有價值的目標（例如，工作、關係、成功、興趣等）就會經歷強烈的失落感。也就是說，人類從出生到死亡爲止，都活在依戀與別離的軸線上，自然會經歷不同類型的失落。其中老年人經歷的喪失，又以健康、責任、經濟能力、關係、生離死別爲代表。在上述案例中，母親經歷的是「關係的失落」。

在與家人或其他人的關係中，透過身體或情感上的對話與互動，分享各式各樣的經驗，並維繫定期的聚會。所謂關係的失落，指的就是原有關係的中斷，這不是只有老年人才會經歷的過程。

孩子讀幼稚園的時候，最要好的朋友搬走。孩子哭了好久，說再也見不到對方。兒時由於搬家或轉學等原因經歷關係的失落，也許會是我們最熟悉的經驗。如此常見的情況，爲什麼到了老年期卻更加折磨，讓人感到無比絕望呢？這是因爲進入老年之後，對他人的依賴程度比之前更高。所以對社交活動範圍有限的老年人而言，關係的失落自然造成了更大的傷害。

## 我們是流著相同血脈的家人，尊重彼此的自主和獨立

簡單來說，關係的失落就是站在我面前的人，也就是依賴對象的消失。不僅依賴的對象消失，我們也從對方依賴的對象中消失。這意謂著我和對方的人生位置產生改變，同時我們個人的角色也在變動。

父母必須將自己依賴的對象，從子女轉移回到配偶身上。換言之，父母為子女付出的時間和熱情，必須重新回到自己和配偶上，專注於自己的家庭。當然，成年子女也是如此。如果人們都能接受這樣的道理，自然地進入這種模式，也許就不會再感到這麼難受。但是，一旦錯過這個自然發展

的時間，原本疼愛有加的子女不再是父母依賴的對象時，後知後覺的父母肯定會產生強烈的反彈。

此時要特別注意的是，依賴的對象必須自然轉移。就像前面提到的「切斷心理臍帶」，不該單方面忽視或排擠尚未做好準備的某一方情緒。如果子女有察覺到父母心中對關係的失落感，或許就不會用輕忽的態度擴大父母的疏離感。在配偶面前嚴肅地批評自己的父母，會使父母感到羞愧，所以請別對母親說：「現在不需要妳了，別再過度關心我。」而是明確說出自己婚後會出現家庭重心的轉移，定時詢問母親近來的心情如何。

「我們兩個都很忙，家裡看起來一團糟對吧？我們放假的時候會一起整理，請您別太擔心。」

「媽，您媳婦很會做菜，要不要吃吃看？」

「很抱歉沒有事先跟您說。幸好丈母娘說孩子出生後，很樂意來幫忙看孩子，所以決定接受丈母娘的安排。不過，我們會常回去看您的。」

與其說老年人的失落感是由單一原因觸發，不如說是因爲各種原因環環相扣，彼此互相影響而造成的。強行改變依賴的對象，當然困難重重，也會陷入隧道視野的困境中。

也許有不少人認爲，家人就是生活在同一個圈子裡的人，不應該存在區分彼此之間的界線。**但是一個健全的家庭，不僅要允許夫妻、子女、兄弟姊妹等成員之間的接觸和介入，也必須建立一道區分彼此、明確卻又高度靈活的界線。**家庭成員中的個人既是家人，同時也是一個獨立的「我」。我們是「流著相同血脈的家人」，既要保障個人的自律與獨立，也能在需要合作的時候同舟共濟。不顧對方的意願，總以自己是父母或子女的身分過度介入和干涉，這樣的行爲只會破壞家庭健全的功能。

Part 4

# 我們都是彼此的陌生人

別讓彼此成爲流著相同血液，卻形同陌路的父母和子女，而應成爲互相尊重與鼓勵的溫暖陌生人。

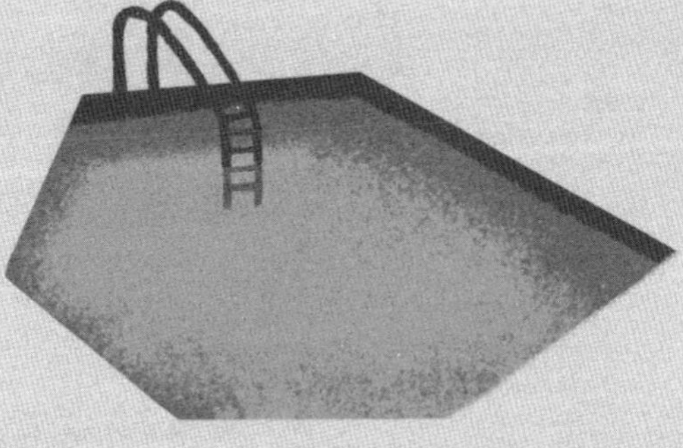

# 撰寫屬於自己的人生回憶錄

「審視自己的人生，
找出生命中最有意義、最美好的事物。」

## 整理人生的時間歷程

今天我們所使用的機器人一詞，最早由捷克作家卡雷爾·恰佩克（Karel apek）創造。在其哲理小說三部曲之一《平凡的一天》[1]中，敘述一名終生擔任鐵路公務員的六十多歲平凡男子。平時習慣做好整理的主角，在因心臟病驟逝的前幾天，選擇以自己的人生爲整理對象，開始撰寫「人生回憶錄」。主角借用幾個自我（ego）的特徵，來說明自己從小到大是以什麼模樣與誰來往，以及每一次在人生重要的轉捩點上，自己所追求的價值又是什麼。

他從過去到現在的生活中，發現了七個掌

管自己人生的自我，分別是平凡的人類、拚命三郎、憂鬱症患者、浪漫主義者、虔誠的乞丐、詩人與英雄。並且透過討論這些角色的場景，進一步整理和解釋自己過去至今追求的生命意義與價值。從心理學的角度來看，可以稱之爲「自我整合」的過程。

我想，這也許是因爲在死亡和老年的前提下，才能完成自我整合。當然，並非所有進入老年期的人，都需要撰寫人生回憶錄。

老年期是生命週期中直面死亡的時期，任何人都應當重新評價、詮釋自己一路走來的人生。對過去生活抱持著正向評價，有助於提高目前生活的滿意度，也能對充滿不確定性的未來產生希望。在這層意義上，心理學家艾瑞克森認爲，在心理社會發展階段中，自我整合是提升老年生活整體滿意度，以及個人感受到幸福感的關鍵。這表示接受自己的過去、現在與未來，並且透過對他人的積極關懷，將可獲得

＊1：簡體中文版由花城出版社二〇一六年出版。

安身立命的智慧。總而言之，完成自我整合就代表發現人生眞正的意義與價值。

對生命的滿意度或正向情緒的經驗，是完成自我整合的重要因素。例如，**滿足目前的生活、接納過去的人生、擁有正面的自我形象、確保生命的尊嚴與價值、充滿智慧的生活、勇敢迎接死亡等**。我們該如何獲得這些相關的經驗呢？當然，如果有創造屬於個人的業績或成就，在解釋個人生命的時候，就能作爲客觀評判的標準或依據。

但是在多數情況下，人們思考自己過去是否過得好、現在是否過得好，以及未來會過得如何時，經常透過旁人如何評價自己、如何回應自己來衡量。然而，相較於身邊的其他人，與家人（尤其是子女）之間的連結所帶來的影響最大。

## 父母是子女的鏡子

那麼要想實現「自我整合」，我們該如何判斷過去的人生是具有價值的呢？也許答案就在我們一生中一定會被問到的一個問題——「你最尊敬的人是誰？」我曾遇過一些父母這樣回答：「如果子女將自己當成學習的典範或尊敬的人，那麼就算是此生無憾了。」

小時候父母就像一座巨大的燈塔，指引著孩子走向光明的道路，但長大成人後，我們也會發現父母並非完美的人，不是隨時都有正確答案。就像看見了閃耀的寶石在經過打磨之前，最原始的粗糙表面一樣。經過這樣的認識，如果子女依然將自己視爲寶石，對父母而言就算是令人滿意的人生評價。於此同時，這個過程也是帶領父母和子女逐漸實現「自我整合」的重要發展課題。

自體心理學家寇哈特，主張每個人的生命少不了「同理」，正如同維持生命需要空氣與食物一樣，他尤其看重「同理」在人生發展上的重要性。他所主張的「同理」有以下三點特徵：

第一，同理有助於理解他人。

第二，同理是能收集人類內在世界等訊息的工具。

第三，同理雖然不是治療行為，但是具有治療效果。

如果人一輩子身邊都有能給予同理反應的人，就可以順利發展出健康的自我，同時獲得心理上的安定。尤其給予支持的關係網絡，會隨著年紀的變化，從社會和職場中逐漸縮小範圍至家人，對年邁的父母而言，提供同理的對象必然會轉變爲子女。無論是負面情緒還是正面情緒，如果此時年邁父母與子女之間的情緒交流減少，那麼父母感受到「自我感知意識[2]（sense of self）」的機會也將隨之減少。

## 子女必須扮演的最後角色

意義治療法（logotherapy）創始人法蘭可（Viktor Frankl）某天在加州州立監獄，遇到一位距離行刑只剩四天的死刑犯。他告訴死刑犯何謂有意義的生命和無意義的生命，並表示在死前的最後一刻，可以透過超脫自我或脫離自我，爲過去的生活重新賦予意義。人生回憶錄是喜劇還是悲劇，取決於當事人如何賦予人生意義。至於年邁的父母，他們人生的重心就是子女。

在過去，有許多母親認爲自己的人生太過平凡、毫不起眼，只要不是被電視媒體報導而出名的名人，或是擁有顯赫的職業頭銜，普通人可能都有過類似的想法。母親雖然沒有人盡皆知的偉大名號，但是走過了艱苦的人生，雙手變得粗糙龜裂，即使世界上無人了解，我也知道母親的雙手代表她曾經歷過什麼。那雙手比任何頭銜都更加踏實，而且不論喜歡或討厭，我都是在那粗糙指尖下的照顧長大。在我看

＊2：從嬰兒時期就存在的個人自我認知，自我意識受到社會層面影響，包括來自外部的評價與社會期望等。

來，母親的求生能力比任何人還要強大，「堅忍」已經化爲她生命的代名詞。即使經歷人生的各種失落，她反倒越挫越勇。

這樣的人生並不平凡。如果我們的父母對自己的人生感到後悔，是不是應該這樣告訴他們：

「你們在我心目中是最棒的。每個人的人生都是第一次，你們是最好的父母。」

隨著年邁父母未來餘生的時間逐漸減少，他們人生的目標不再是為未來累積知識或追逐成就，而是轉變為感受當下生活的情緒滿足與情緒意義。當然，有些情緒經驗也是在與子女、家人的關係中漸漸形成的。

## 發現有意義的人生

如果希望回顧人生是有意義的，不妨自問幾個問題。就像透過鏡子檢查儀容一樣，能幫助我們檢視自己是否過得不錯的「人生鏡子」，有財力、權力、名譽、學歷等各種方式。然而，老年人的鏡子是「人」，換言之，是否對於和子女之間的緊密度、親密度等關係感到滿足，決定了自我整合的成敗。

尤其父母與子女在生活中以不同的方式幫助彼此，藉由互相扶持，形成維繫緊密關係的連結。當父母和子女成功建立起支持彼此的關係網絡時，就能在以下幾個方向完成互補。大家可以試著填寫下頁問題，了解自己所重視的東西是什麼，而什麼才是自己的父母或子女最需要的。期待各位都能發現生命中對自己最有意義的事物，以改變人生下半場的時光。

**1. 價值認同**

自己受到肯定的感覺；受到關心、信賴與認同的感覺。

重要（　）　　不太重要（　）　　完全不重要（　）

**2. 關愛與愛情**

受到溫暖關懷的感覺；和對方的心緊緊貼近的感覺。

重要（　）　　不太重要（　）　　完全不重要（　）

**3. 鼓勵與安慰**

我所做的事情受到鼓勵的感覺；事情不如預期順利時，獲得安慰的感覺。

重要（　）　　不太重要（　）　　完全不重要（　）

**4. 陪伴的時光**

需要陪伴的時候，不必一個人待著的感覺；在特殊情況下想與他人分享的感覺。

重要（　）　　不太重要（　）　　完全不重要（　）

**5. 禮物（物質援助）**

得到有用的資訊；從他人身上借得金錢或其他物品。

重要（　）　　不太重要（　）　　完全不重要（　）

**6. 服務**

需要時能得到幫助；不必有所交換而得到援助的感覺。

重要（　）　　不太重要（　）　　完全不重要（　）

請勾選自己是否認爲以上六點重要，而這幾點，是否已經在自己的生命中實現。如果重要性高，也已經在生命中享受著它們，那就證明自己正過著相對滿意且富有價值的生活。

# 我們依然對關係感到棘手

「真誠的溝通、不再互相責怪彼此才是解決關係僵局的關鍵。」

## 深入理解自己想要逃離的心情

我在諮商室遇到四十歲中後的美珍，因爲憎恨著父親，所以一直難以和他人建立關係。在失能家庭中長大的她，不曾感受過家庭內部的支持或認同，導致自尊心相當低落。因此她經常猶豫該不該說出自己的眞實看法，造成在與他人的互動當中，自始至終只停留在表面關係。美珍說，之所以會這樣，全都要怪父親。

然而，或許是不知道女兒反感的心情，父親依然要求女兒服從，希望女兒依照他的想法去做。雖然已經有些晚了，但美珍還是希望能盡快脫離父親和家人。

她對不愛自己的父親恨之入骨，也埋怨袖手旁觀的母親和其他家人。在諮商過程中，她試著站在父親的角度，用父親的方式思考與說話。**若想戰勝與父母或子女間的衝突，與對方好好相處，換位思考是最快速能得到效果的方法。**

像美珍家人那樣，即使成年後組織了獨立的家庭，卻依然過度干涉對方，導致家人之間的界線模糊，並時常發生衝突，我們會將這樣的狀況歸類爲「家庭失能」。家庭失能的特徵，在於規範事情可行與否的家庭規則（family rules）缺乏彈性，過於威嚇與僵化。

> 美珍的父親總是強調這樣的規定：「先讓給哥哥和妹妹，女生不必表現得太好，別想著出人頭地。」

在這種情況下，由於家庭成員之間的互動是封閉的、缺乏交流的、過於冷漠的，又或者是由於家庭成員間的互相影響嚴重，導致個人的獨立性無法獲得保障。

反之，**功能健全的家庭能接納每個成員的特性與差異，允許所有人自由、大聲地說出自己的想法和情緒**。如此一來，每個人的個性都能受到尊重，並且對自尊心的建立帶來正面影響。然而，對失能家庭來說，是無法接受這些情況的，於是家庭成員對於要遵守還是反抗家庭規則，內心會不斷地產生衝突。同時間，父母的壓迫與指責，也對自尊心的建立造成了負面的影響。家族治療師薩提爾認爲，家庭成員之間的溝通方式不僅影響了個人自尊心的建立，也是決定健全家庭或失能家庭的重要因素。

## 改變以往僵化的溝通習慣

簡單來說，溝通分爲「語言溝通」和「非語言溝通」。在失能家庭的溝通中，代表「語言溝通」的話語，和臉部表情、身體姿勢、肌肉狀態、呼吸、速度、音調高低等「非語言溝通」產生了落差。內在和外在表現同時存在雙重訊息，是失能家庭的溝通特徵。由於無法眞誠溝通，導致信任和依賴感難以建立。

尤其當家庭內部壓力增加時，家庭成員就會對自身扮演的角色有所防備，因此在家庭內出現各種不同性格的人。例如，無條件忍讓的人、逃避問題的人，或是責怪他人的人。**薩提爾以「討好、指責、超理智、打岔」四種類型，說明破壞家人聯繫感和親密感的溝通姿態**。美珍的父親就屬於「指責型」的溝通姿態，而美珍的母親則是「討好型」溝通姿態。

- **討好型：認為自己毫無價值**。習慣性放棄自己的需求，同意對方的意見，並爲此做出讓步與犧牲，在他人眼中幾乎是卑躬屈膝的程度。這是因爲他們無法忍受產生衝突或讓對方感到不便，所以總是按照對方的期待行動，努力迎合他人。由於他們相當順從，自我意識薄弱，所以依賴性高，也容易受到傷害。一旦事情出了問題，會認爲責任在自己身上，說自己被罵也無所謂。這樣的狀態，已經是過度自我犧牲。所以他們在照顧自己或需要協助時，很難向其他人尋求幫助。

- **指責型：與討好型正好相反，他們總是無視對方，認為自己的意見才是最好的**。如果對方不肯接受，就會大發脾氣。他們經常認爲自己是受害者、犧牲者，並對此感到自卑。於是爲了保護自己，選擇指責、貶低或批評他人的價值，由此產生自信。他們獨善其身，喜歡指使他人，較爲不近人情。雖然表面上看起來具有攻擊性，但其實內心覺得自己遭受冷落，認定自己是孤獨的失敗者。
- **超理智型：喜怒不形於色，只專注在絕對合理的情況**。他們對於自己的工作相當細心、注重邏輯、做事有始有終，所以不輕易相信他人。他們總要證明自己是對的，也會引用各種資料和研究結果來解決衝突。實際上，超理智者是內心脆弱、容易受傷的類型，所以才會排除各種情緒，進行以理性和邏輯爲基礎的對話。因爲知道自己情緒脆弱，所以把重點放在事件本身，盡可能減少情感上的互動。

• **打岔型**（不正經）：**是從不考慮對方的話語或行為，無法專注在對話上，因而做出不恰當的反應**。打岔型和超理智型完全相反，對有趣或搞笑的事情特別感興趣。打岔者面對壓力時，大多數傾向轉換話題、說出與當下無關的事情，或選擇直接離開現場等逃避的方式。事實上，他們渴望他人的認同，擔心遭到排擠，所以表現出坐立難安、心神不寧的樣子。他們既無法專注在自己的需求上，也無法完全讀懂他人的需求。

家庭失能成員之間的對話，一般來說，以上四種狀況最爲常見。而且在互動的過程中，隨著角色特徵的強化，只會陷入惡性循環的迴圈中。家庭失能成員的角色都具有四個共通的特徵，包含：

第一，自尊心低落。

第二，由於存在著雙重訊息，溝通將不再具有真實性。若單看表現出來的話語和行為，難以讀出彼此內心隱藏的情緒。

第三，遵循已產生僵化的家庭規則。

第四，習慣將責任轉嫁到他人和該情況上。

## 停止責怪彼此的心

美珍過去由於害怕父親，什麼話也不敢說出口。那時她最想說的，其實是：「爸爸，也買一個玩偶給我。」一直以來，她都因爲不是兒子而謙讓哥哥，又因爲是姊姊而禮讓妹妹。她總是被拿來比較，在這個家裡沒有任何專屬於她的好處。如今面對齒牙動搖的老父親，美珍變成了指責型，一吐過去的委屈與不滿。但是我知道，這麼做只會製造出另一個討好型，對於解決問題毫無幫助。

父親一再提醒美珍：「做人的基本，是要盡量避免使他人受到傷害。」美珍責怪父親都是因爲他那麼說，才會使自己在人際關係中顯得更被動，無法勇敢說出內心的眞實想法。然而，美珍的自尊心低落，眞的是父親一手造成的嗎？

自尊心是人類的基本需求，也是生命的活力來源。**如果父母在養育子女的過程中，總是拿子女和他人作比較，強迫子女服從，自然會造成子女的自尊心低落。**美珍的情況就是如此。但是，這不代表父母就必須爲子女的自尊心負起全責。薩提爾認爲，培養自尊心的要素，正是「自我、他人和情境」，方法如下：

第一，透過對自己的依戀、關愛、信賴、尊重，獲得自我價值與獨特性。

第二，從跟自己有關的多位他人身上發現同質性和異質性，不必比較，而是與其互動。

第三，掌握當下的情境和脈絡，對此做出反應。

美珍從未主動認同自己的價值，已經習慣和他人比較，並順從他人。即使情況已經改變，她依然想要逃避。她認爲主要原因就在於父親沒有接納自己、肯定自己。但是她不可能永遠怨恨與怪罪父親。即使是從現在開始也好，如果她想要坦率接納自身情緒，自由表達自我，就需要階段性的訓練。

## 學習表達自我的對話方式

無法表達自我的原因在於害怕，看不清自己想要什麼，也無法表達。另一個原因，則是不知道該如何表達。

對此，我們必須先訓練自己察覺「此時、此地」的需求與情緒、身體感覺、語言與行爲、環境等。也就是察覺自己在關係中被壓抑的情緒和需求，了解眞正所需要的是什麼。在針對特定對象進行回想時，必須用心體會當下產生的感受，心裡出現什麼樣的情緒和需求，而不是逃避。並且順從自己的想法，完成「我想要……」的句子。

在與美珍諮商的過程中，我請她談談父親，再用話語解釋她當下的非語言訊息，以便於她察覺自身情緒。我告訴她，她在說話時表現出雙手緊握，呼吸急促，聲音忽然變大、變高亢，以及手勢忽然變大的情況，並再次詢問她這些動作的意義。如此一來，美珍才發現了自己習慣性使用的話語，並且對此加以修正。

美珍說話時，經常使用「反正也只能…」、「就算…也沒用」、「連我都討厭自己」等句型。她所使用的語言，通常是逃避責任、放棄責任的詞彙。

語言是在與他人的關係中，表達與滿足自我情感與需求的重要工具。於此同時，我們也必須爲自己使用的語言負責。習慣性使用逃避的語言，說別人不了解自身的心情，讓自己很受傷、難過，這無異於逃避責任的行為。

我試著爲美珍的話語做些改變，建議她變換不同的表達方式。例如：「可以的話，我會選擇……」並同時安排情境劇，讓她換個立場，親身體驗如果有人總是缺乏自信、負面思考，自己會是什麼樣的感受。美珍終於練習說出自己長久以來想問父親的話、想對父親說的話。因爲她擔心父親生氣，罵自己「說那些話太幼稚」或「你是長女又是姊姊，這種程度的禮讓不用搞得像被犧牲一樣」，至今遲遲不敢說出這些內心話：

「爸，為什麼不買玩偶給我？我真的很難過，常常覺得自己是爸爸不需要的女兒。」

美珍不斷換到空的位子上，在自己和父親的角色之間來回變換。

她像個孩子一樣啜泣：「爸，您要早點告訴我，說您是因為最信賴我，才會這樣對我。您應該早點告訴我的……」

我告訴美珍，父親屬於不知道該如何暖心表達的指責型，在他心中肯定是對大女兒「非常放心」的。當美珍發現自己對父親累積的情緒不是怨恨，而是關愛時，忍不住又哭泣了許久。

有些人將「個人意見」或「自我表現」解讀爲不考慮對方的立場，執著於自己的個人想法和立場，認爲這是具有攻擊性且無禮的行爲。但是個人主張是向他人展現自我，同時又能尊重對方人格與權利的行爲，屬於「同理的主見（Empathic Assertion）」，所以我們必須選擇不會造成傷害的方式。

不僅是父母和子女的關係，在人際關係中，經常壓抑自己眞實的情緒和需求，必定會產生類似於失能家庭中常見的四種溝通姿態，不當的情緒表達與反應模式。

**與其讓家人們成為彼此的批判者或矯正者，更希望大家能拋棄成見，以尊重的態度，**

接受父母、子女和每個人都擁有不同的個性。

# 讓我們成為溫暖的陌生人

「人格塑造最重要的元素是自尊心、個人的獨立和自律性，這一切始於父母的『愛與包容』。」

## 子女是體外的心臟

經典老電影《綠野仙蹤》曾被翻拍爲各種影視作品，就連讀國小的女兒也都耳熟能詳。電影中的主角桃樂絲以一首〈飛越彩虹〉（*Over The Rainbow*），引領我們走進神祕又浪漫的未知世界——歐茲王國。電影的賣座，連帶使桃樂絲成爲家喻戶曉的人物。然而，扮演桃樂絲角色的演員茱蒂・嘉蘭（Judy Garland），現實中卻過著和電影中的桃樂絲完全相反的人生。

茱蒂從三歲開始踏入演藝圈，她的母親將自己沒能成爲演員的夢想投射在茱蒂身上。爲了消化大量的活動行程和減肥維持身材，茱蒂的母親讓年幼的女兒，輪流服用含有毒品成分的安非他命和安眠藥。甚至慫恿未成年的女兒，進行性招待。

據說在她十三歲那年，對她疼愛有加的爺爺過世後，便再也沒有得到家人的愛，與其他同齡演員相比，她對自己的外貌更是感到自卑。從此，茱蒂過著自尊心低落的人生。敘述其晚年時光的電影《茱蒂》（Judy），深刻描繪了她有多麼期待受到人們的喜愛。經歷過五次結婚和離婚、藥物與酒精成癮，將她的人生推向深淵，最後在年紀輕輕的四十七歲香消玉殞。

在電影中，茱蒂曾說：「孩子就像身體外的心臟。」父母對子女的心意，似乎找不到第二句話更能貼切表達了。可見子女無可取代的重要性，但這不代表可以將子女當成自己的所有物，任意對待他們。可惜的是，有許多父母都和茱蒂的母親犯了類似的錯誤。

在學習心理諮商時，我認為人格塑造最重要的元素是自尊心、個人的獨立和自律性。而這一切，都始於父母給予的「愛與包容」。矛盾的是，父母給予愛的原因，正是爲了遠離所愛的對象。子女是體外的心臟，父母必須明白，這顆心臟既不能代替自己的心臟，也不可能置於自己的心臟旁，同時使用兩顆心臟活著。

## 當個溫暖的陌生人

在一個家庭中，父母和子女最常遇到的問題，就是過度親密或過度疏離。到什麼程度是愛，到什麼程度是干涉？這之間的界線，經常模糊不清。

例如，我的孩子從六歲開始一個人睡，雖然有時睡到一半，會發現孩子悄悄進到我們夫妻倆的房間，不過很快地，孩子就習慣一個人睡了。這是一般孩子的成長過程。孩子之所以在夜晚進入父母的臥室，正是因爲心中感到不安和空虛。從父母的角度來看，這個階段很容易對孩子心生不捨，就此放棄訓練孩子獨立。然而，如果在此時彼此互相牽制住，父母的臥室最終只會成爲孩子來去自由的公用空間，親子間將無法脫離情感上的依賴。

一旦父母和子女之間的界線崩潰或變得模糊，雙方將不再親密，而是變成只側重父母的要求，忽視個人思維、情緒和個性的關係。如此一來，自我分化的機會將被家人奪走。**自我分化良好的人，由於其思維和情緒達到平衡，因此面對問題時能充分思考，並依照自己的信念來決定行動。**也因爲是自己的選擇，所以相對願意承擔起後續的責任；但是自我分化較差的人，自我認同感低落，因此很容易受到他人左右或做出衝動反應。

這不僅會讓父母與子女間的關係產生衝突，也將是讓整個人生承受無數心理或情緒痛苦的原因。妨礙子女獨立的直升機父母，以及拒絕獨立、只能仰賴父母過活的尼特族，都屬於這些類型。不過，先別急著認定這種情況在養育子女的時期就已定型，因此放棄面對或視爲災難，不妨從現在開始，試著成爲彼此溫暖的陌生人。

人類在各個生命發展階段所面臨的情況下，透過各種挑戰與情緒經驗塑造出心理上獨立的自體，而這對父母和子女同樣適用。請好好思考，我們是否允許自己獨立。對此，可以從艾瑞克森的社會心理發展階段，作爲判斷的指標。

## 宣告心理上的獨立

艾瑞克森認爲，人類個體的發展必須在社會中進行，而且終其一生都在發生。換言之，每個生命發展階段都會有重要的心理社會危機，若能以積極正向的態度解決這些危機，不僅可以塑造出正向的自我，也有助於健全性格的發展。如果未能妥善解決危機，自我發展將受到阻礙，使自信喪失、羞恥、懷疑等負面情緒融入自我當中。

這是造成自我分化（心理獨立）容易失敗的阻礙因素。對此，艾瑞克森根據年齡將心理社會自我發展發爲八大階段（P.248）。他認爲，若能控制好各個階段發展中，可能遇到的主要變數，就能獲得自我認同感。

隨著年齡的增長，不同的發展階段自然會面臨不同的環境，不過一個人心理發展程度的差異，取決於他是否願意積極接受挑戰、解決問題。同時，**一個人在面臨各個階段的挑戰時，如果能獲得對自己意義重大的他人，也就是「家人、朋友、情人、同事」的接納與肯定，就有更大的機會獲得健康、獨立的自我**。當然，如果無法獲得充分的接納與肯定，甚至不被接受，就會造成內心深處受到傷害，使人們無法專注於自己的人生，更可能產生「情緒的毒」，任何一點風吹草動，都有可能帶來影響。

## 艾瑞克森心理發展八階段模型

| 時期 | 心理社會上的危機狀況 | 主要變因 | 心理社會上的表現 |
|---|---|---|---|
| 〇～二歲 | **信任**：認為自己的身體和環境能滿足需求。<br>**不信任**：害怕自己的身體和環境處於匱乏的狀態。 | 母親正向且前後一致的態度。 | 拋棄或取用自己需要的東西。 |
| 三～四歲 | **自律性**：感受到自我調節能力，與自主性行動。<br>**羞恥心、懷疑**：發現過度控制造成的軟弱或鬱悶。 | 認同自己在不同情況下所做的主張和選擇。 | 積極的爭取或放棄。 |
| 五～六歲 | **主導性**：出現好奇心（尤其適性）的當下，能自由探索；確立與異性父母的特殊關係。<br>**自責**：自身主導權被壓抑時，產生退縮或罪惡感。 | 第一次需要他人認同自己的主體性和自我能力。 | 競爭與勝利的喜悅。 |
| 七～十二歲 | **勤奮**：發現自己締造的成就受到肯定。<br>**自卑**：認為自己無法完全發揮才能。 | 社會認同、失敗與頻繁的失誤。 | 和諧參與創作過程 |
| 青少年期<br>十二～十八歲 | **自我認同感**：知道自己是誰，並以這樣的形象受到他人認同。<br>**角色混亂**：不知道自己是誰。 | 對自我意識的疑問和自我解答、自我理解。 | 意識到自己是誰、正往哪裡去。 |
| 成人期<br>二〇～四〇歲 | **親密感**：與特定對象深度分享生活。<br>**孤立感**：無法向他人開誠布公，展現自我主體性。 | 是否能維持人際關係的永續性。 | 在親密關係中不斷尋找自我。 |
| 中年期<br>四〇～六〇歲 | **生產性**：關心自己的後代。<br>**停滯性**：感受到慢性倦怠與空虛。 | 自身在社會上取得的成就，是否能貢獻給下個世代來判斷。 | 展現保護、照顧、關心。 |
| 老年期<br>六十五歲至<br>生命終點 | **自我整合**：接受自己的過去與現在。<br>**自我絕望**：無法接受過去，認為已沒有時間重新開始。 | 是否能理解與接受自我。 | 具有頓悟與接納一切的智慧。 |

## 排除情緒的毒素

所謂的心理獨立，是指一個人尋找自我內在力量的過程。茱蒂未能成功建立心理上的獨立，最終無法克服內心的創傷。她不幸的一生，始於自我分化失敗，以及對母親的過度執著。儘管成年後脫離母親，宣告自己的獨立，然而盤踞在內心深處低落的自尊心，依然時時刻刻操縱著她，使她不斷尋找能替代母親的人。

茱蒂日趨嚴重的心理痛苦儘管也出現在《綠野仙蹤》的桃樂絲身上，但令人遺憾的是，茱蒂缺乏桃樂絲所擁有的同理者。據了解，當時不僅沒有人願意對她伸出援手，也沒有人好奇她痛苦的經歷。換言之，沒有人能治療她毒素已經擴散的心靈創傷，所以她只能將自己的價值一一丟進臭水溝裡，連被母親踐踏的自己都拯救不了。尋找自我力量的獨立過程，其實也是克服創傷的過程。

《綠野仙蹤》裡有一句臺詞是：「被愛遠比愛人重要。」如果當時茱蒂有能力把這句臺詞改成「愛人遠比被愛重要」，也許情況就會截然不同。

心理學家佛洛伊德（Sigmund Freud）曾指出：「對過去的依戀，是忘記自身力量的時空錯亂。」總而言之，獨立是自己必須完成的重要發展課題，而不是依靠他人來完成。**因此，我們必須打造一面能培養自我力量的鏡子。為了塑造正向的自我概念，請試著喚醒自己的角色，藉此建立一個引領個人行為的「自我典範」。**

「我對人生充滿信心。」

「我是個自動自發的人。」

「我擁有主導權。」

「我多才多藝。」

「我充分了解自己。」

「我能與他人互動融洽。」

「我可以犧牲奉獻。」

「我認為自己一生活得相當正向。」

我的孩子十分喜歡畫畫，即使遇到多麼困難的作品，都絕不允許其他人干涉自己的繪畫過程。如果有人抱怨人生像一張空白的畫紙般空虛，因此怪罪自己的父母或子女，我想大聲提醒：「人生是『自己的』，不是其他人的。」爲這張畫描圖、上色的人，僅能是自己。所以，父母和子女只需要用溫暖的眼光欣賞著彼此的畫作，成爲彼此最忠實的觀眾即可，因爲我們是血脈相連的陌生人。

# 我們是血脈相連的陌生人


作　　者　孫廷沇
譯　　者　林侑毅

責任編輯　楊玲宜 ErinYang
責任行銷　袁筱婷 Sirius Yuan
封面裝幀　李涵硯 Han Yen Li
版面構成　譚思敏 Emma Tan
校　　對　李雅蓁 Maki Lee

發 行 人　林隆奮 Frank Lin
社　　長　蘇國林 Green Su

總 編 輯　葉怡慧 Carol Yeh
主　　編　鄭世佳 Josephine Cheng
行銷主任　朱韻淑 Vina Ju
業務處長　吳宗庭 Tim Wu
業務主任　蘇倍生 Benson Su
業務專員　鍾依娟 Irina Chung
業務秘書　陳曉琪 Angel Chen
　　　　　莊皓雯 Gia Chuang

發行公司　悅知文化　精誠資訊股份有限公司
地　　址　105台北市松山區復興北路99號12樓
專　　線　(02) 2719-8811
傳　　真　(02) 2719-7980
網　　址　http：//www.delightpress.com.tw
客服信箱　cs@delightpress.com.tw
I S B N　978-626-7288-13-9
建議售價　新台幣380元
首版一刷　2023年05月





國家圖書館出版品預行編目資料

我們是血脈相連的陌生人：寫給肩負照護父母及養育子女雙重責任，每日辛苦生活的成年子女／孫廷沇著；林侑毅譯. -- 初版. -- 臺北市：悅知文化 精誠資訊股份有限公司，2023.04
面；公分
ISBN 978-626-7288-13-9（平裝）
1.CST: 家庭關係 2.CST: 親子關係 3.CST: 家庭心理學
177.31　　112003565

建議分類｜心理勵志

悅知文化 Delight Press

## 線上讀者問卷 TAKE OUR ONLINE READER SURVEY

# 在給予關愛的同時，尊重家人們彼此都是獨立的個體。

——————《我們是血脈相連的陌生人》

請拿出手機掃描以下QRcode或輸入
以下網址，即可連結讀者問卷。
關於這本書的任何閱讀心得或建議，
歡迎與我們分享 :)

http://bit.ly/39JntxZ